전도상급

전도 안하는 당신은 사형감 입니다
전도 못하는 당신은 무기징역 입니다
전도 열심히 하는 당신은 볼매 입니다

등산의 극치 - 야호 (정상에서)
신앙의 극치 - 헌신 (교회에서)
사랑의 극치 - 아가서 (구약에서)
전도의 극치 - 열매 (현장에서)

전도상급

예수님의 생애, 십자가 사건, 부활에 대한 객관적인 기록

1. 성경 기록 (신약성경)

복음서 4권 (마태, 마가, 누가, 요한)
→ 예수님의 탄생, 사역, 십자가 죽음, 부활을 직접 기록.

사도행전, 바울 서신
→ 부활하신 예수님을 만난 사도들의 증언.

고린도전서 15:3-6에서 바울은 "예수님께서 죽으시고 부활하셨으며 500명 이상의 증인에게 나타나셨다"고 기록.

2. 성경 외 실제 역사 문헌

예수님은 신화적 인물이 아니라 실제 1세기 팔레스타인에 존재했던 역사적 인물이라는 점을 기독교인이 아닌 역사가들도 기록했습니다.

1) 유대인 역사가 요세푸스 (Josephus, A.D. 37-100)
저서 「유대 고대사」(Antiquities of the Jews) 18권, 20권에서 예수를 언급.

18권 3장 3절 (일명 Testimonium Flavianum)
"이 무렵에 예수라는 사람이 있었다. 그는 지혜로운 사람이었으며, 행실이 선하고, 덕 있는 사람으로 알려져 있었다. 그는 놀라운 일을 행하며, 진리를 기쁨으로 받아들이는 자들을 가르쳤다. 그는 많은 유대인들과 헬라인들을 자기 제자로 삼았다. 그는 그리스도라 불렸다.

빌라도가 우리 지도자들의 고발을 받아 그를 십자가에 못 박아 죽이도록 판결하였을 때, 그는 사흘 만에 다시 살아나 그들에게 나타났다고 전해지며, 하나님의 선지자들이 이 일과 그 밖의 수많은 놀라운 일을 미리 예언해 두었다. 그리고 지금도 그를 따르는 무리, 곧 그리스도인이라 불리는 사람들이 사라지지 않고 있다."

(예수의 존재와 십자가 사건 언급은 다수 학자들이 진본으로 인정하고 있고, 실제 대부분의 역사학자들은 최소한 예수라는 인물과 빌라도에 의한 십자가 처형 부분은 요세푸스의

진짜 기록이라고 인정합니다.)

추가 예수 언급 (요세푸스, 「유대 고대사」 20권 9장 1절)
여기서는 '야고보'를 언급하면서 예수를 간접적으로 증거합니다.

"대제사장 아나누스는 … 그리스도라 불리는 예수의 형제, 야고보라 불리는 자와 몇 사람을 불러내어 율법을 어겼다는 죄목으로 돌로 쳐 죽였다."

→ 여기서는 예수를 짧게 언급하지만, 당시 실제 인물로 인식되고 있음을 보여줍니다.

2) 로마 역사가 타키투스 (Tacitus, A.D. 56-120)
저서 「연대기」(Annals) 15권 44절
"그리스도(Christ)는 티베리우스 황제 때 본디오 빌라도의 판결로 처형되었다."
→ 예수의 십자가 사건을 분명히 기록.

3) 로마 정치가 플리니우스 (Pliny the Younger, A.D. 61-113)
트라야누스 황제에게 보낸 편지(서신집 10권)

→ 초기 기독교인들이 예수를 하나님처럼 예배했다는 사실 기록.

4) 바빌로니아 탈무드 (Talmud, 유대교 경전)
산헤드린(43a) 부분에서 "유월절 전날 예수가 십자가에 달려 죽었다"고 언급.

◼ 정리

†성경　　　　　　　　= 직접적인 1차 자료
†요세푸스, 타키투스,　= 성경 밖의 역사적 확실한 증언
　플리니우스, 탈무드

따라서 예수님의 실존, 십자가 처형은 고대 역사적으로도 확증되고, 부활은 제자들의 강력한 증언과 교회의 급성장으로 입증된 사건으로 연구되고 있습니다.

한 번 구원은 절대 영원한 구원이 되지 않는다

이기는 자는 이와 같이 흰 옷을 입을 것이요
내가 그 이름을 생명책에서 결코 지우지 아니하고
그 이름을 내 아버지 앞과 그의 천사들 앞에서 시인하리라
(요한계시록 3:5)

이 말씀의 핵심은 순종하지 않으면, 생명책에서 이름이 지워질 수 있다는 경고적 말씀이 되겠습니다.

즉, "이기는 자는 지워지지 않는다"라는 약속은, 반대로 이기지 못하면 지워질 수 있다는 뜻이 됩니다. 왜냐하면 이기지 못한다는 것은 죄를 붙잡고 죄를 지으며 산다는 뜻이 되기 때문입니다.

원문 표현으로는 헬라어 "우 메엑사 레이프소"를 직역해 보면 "나는 결코 지우지 않을 것이다"라는 뜻입니다. 이 표현은 헬라어에서 가장 강력한 부정 표현입니다.

→ "절대 아니다, 결단코 아니다"라는 의미를 말하는 겁니다.

즉, 단순히 "아마 지우지 않을 것이다" 정도가 아니라, "확실히, 절대로 지워지지 않는다"라는 강한 긍정적 보장의 표현인 것이지요.

국어 시간에 배운 보통 '반어법'은 말하고자 하는 뜻과 반대로 말하는 수사법이 아닙니까?
예를 들어 수학 빵점 맞은 아이에게 "너 참 잘한다"는 것은 "못한다"는 뜻입니다.

그러나 계3:5에서는 예수님이 말씀을 반대로 하신 것이 아니라, "지우지 않는다"는 부정을 통해 더 강하게 안전함을 강조하는 『완곡부정』(리토테스/litotes) 수사법에 해당됩니다. 리토테스는 어떤 사실을 강조하기 위해 부정을 사용하여 긍정을 나타내는 방식입니다.

예를들어 보자면,
"나쁘지 않다" → "좋다"
"적지 않다" → "많다"

즉, 부정을 통해서 『강한 긍정』을 전달하는 기법이 되겠습니다.

즉, "지우지 않는다" = "영원히 보장한다"라는 강한 긍정이 되지 않겠습니까?

이해되시지요?

하지만 '이기는 자만이' 라는 조건 때문에 동시에 구원의 불확실성을 경고하는 양면적 메시지를 담고 있는 것이므로, 우리는 항상, 언제나, 늘, 수시로, 자나깨나 주님이 주신 구원을 "두렵고 떨림 가운데 말씀대로 순종하며 살아야 한다" 는 무섭고도 심히 두려운 말씀인 것입니다.

구원은 오직 예수 그리스도이십니다. 아멘

> 만일 의인이 돌이켜 그 의에서 떠나서 범죄하고 악인의 행하는
> 모든 가증한 일대로 행하면 살겠느냐 그 행한 의로운 일은
> 하나도 기억함이 되지 아니하리니 그가 그 범한 허물과
> 그 지은 죄로 인하여 죽으리라.
> (에스겔 18:24)

→ 의인도 끝까지 의로움을 지키지 않으면 구원이 무효가 됨을 경고하는 살 떨리는 성경 말씀이 되겠습니다.

즉, '구원은 하나님 편에서는 완전 보장되지만, 인간이 끝

까지 믿음을 지키느냐'가 관건이라는 것을 명심해야 할 것입니다.

내가 진실로 속히 오리라 하시거늘 아멘 주 예수여 오시옵소서.
요한계시록 22:20

성경적인 영접 기도문

거룩하신 하나님 아버지,
저는 죄 가운데 태어나 죄를 짓고 살아온 죄인임을 고백합니다.
저의 죄로 말미암아 사망과 심판이 마땅함을 인정합니다.

그러나 주님께서 저를 사랑하시어
독생자 예수 그리스도를 보내주시고,
예수님께서 십자가에서 저의 모든 죄를 담당하시고
죽으셨다가 사흘 만에 부활하셨음을 믿습니다.

이제 저는 예수님을 마음으로 믿고
입으로 시인하여 고백합니다.
지금까지 살아오면서 지은 모든 죄를
예수님의 보혈로 용서해 주시옵소서.
내 이름이 하늘에 기록되고
생명책에 있게 하여 주시옵소서.

예수 그리스도는 하나님의 아들이시며,
나의 유일한 구주이십니다.

저는 예수님을 제 마음에 영접합니다.
예수님의 이름을 믿는 저에게
하나님의 자녀가 되는 권세를 주시옵소서.
이제는 더 이상 제가 주인이 아니라,
주님께서 제 삶의 주인 되어 주시옵소서.

저를 하나님의 자녀 삼아주시고 성령으로 인도하시며,
말씀 안에서 거룩하게 살아가도록 붙들어 주시옵소서.

마지막 날에 영원한 천국에서 주님과 함께하기를 원하옵고
유일한 구원자, 예수 그리스도의 이름으로 기도드립니다.
아멘.

추천사 1

　강신승 목사님이 전도학 책을 저술하셨습니다. 출판되기 전에 읽었습니다. 소름이 끼칠 정도로 충격을 주었습니다. 전도하지 않으면 사형감이라는 첫 언어부터 '오직 전도'였습니다. 처음부터 끝까지 전도에 대한 열정, 영혼 구원에 대한 열망이 홍수처럼 흘러내리고 있었습니다.

　강 목사님은 우리 수도원에서 핵심 프로그램인 『잇사갈 성경대학』 1기 반장으로 맹활약하고 있습니다. 진리를 찾는데 천재요, 좋은 재료를 정리하는데 귀재요, 복음 전하는 열정에 탁월한 분이십니다.

　장수는 전쟁터에서 죽어야 합니다. 우리는 전도터에서 모두를 불태워야 합니다. 일없는 상없고 상없는 일없습니다. 쟁기는 뒤로 길이 없습니다. 무지개를 보려면 비를 맞아야 합니다.

하나님은 지금 불타 줄 심지를 찾고 계십니다. 강 목사님이 고생하며 저술한 이 책이 불타줄 심지에게 불을 붙이게 되기를 기도합니다. 이 책을 들고 다음 책을 기다립니다. 샬롬

충주 봉쇄 수도원 원장 강문호 목사

추천사 2

코로나19 이후에 한국교회가 피폐해져 가고 있는 이때 정말 귀한 전도 책자를 저술하신 강신승 목사님의 말씀은 정말 보배입니다.

책을 읽다보니 한국 교회를 살릴 수 있는 귀한 말씀이 있습니다. 전도에 잠자고 있는 한국교회를 깨울 수 있는 놀라운 말씀이 있습니다.

전도에 큰 충격과 동기부여와 도전이 되고 영혼을 사랑할 수 있는 마음을 주는 귀한 책입니다.

다른 전도 책자의 추천서를 쓸 때는 울어 본적이 없는데 본 책자는 저를 울렸고 또 저를 더 뜨거운 전도자로 만들었습니다.
은혜 듬뿍 받아 제가 한국교회에 전도의 태풍을 일으킬 귀한 힘을 얻은 책자입니다. 전도 레시피가 다양하여 환경에 딱 맞는 전도를 할 수 있게 합니다.

복음을 구체적이고 눈높이에 맞게 쉽게 전하여 영혼이 살아나는 쉬운 복음(천국 가는 약도)과 확실한 정착과 양육이 되는 천국기초 입문학교가 있어 읽기만하면 능력 전도자가 될 수 있어 적극 추천합니다.

모든 영광을 하나님께 올려드립니다.

한국도농선교회 본부장 최원수 박사

추천사 3

강신승 목사님의 신간서적, '전도상급'를 읽어보았습니다.
전도 안하는 당신은 사형감이다!!! 와우~! 첫 장부터 Impact 가 대단합니다.

역시! 강 목사님 하면 열정, 열정하면 강 목사님입니다. 저하고 집회를 같이 다녀봤지만 강 목사님의 열정은 정말 대단합니다. 반드시 베스트셀러가 되리라 확신이 되어집니다.

전도현장에서 겪는 실제적인 대화들과 예시와 노하우가 이 안에 녹아있고, 수많은 전도 레시피가 이 안에 있기에 누구나 책만 읽으면 쉽게 전도할 수 있게 되어 있는 이 책은 전도자들의 가슴을 설레게 하기에 충분합니다.

강 목사님이 지금 이렇게 열정의 전도자로 쓰임 받기까지는 누구도 상상할 수 없는 엄청난 고통과 시련의 시간들이 있었습니다.

하나님의 은혜로 모든 것을 이겨내고 회복하고 나서 제2의 목회를 시작하시면서, 누구보다도 뜨거운 열정의 전도자로 하나님께 쓰임 받고 계시는 강 목사님을 보면 선배 목사로써 보기에 참 대단하다는 생각이 들고, 하나님의 살아계심을 깊이 느낄 수 있습니다.

바라옵기는, 이 귀한 책이 잠자고 있는 한국교회를 깨우고 영적으로 침체되고 메마른 성도들의 심령에 단비가 되어, 구원의 감격과 첫사랑이 회복되는 오아시스 같은 책이 되기를 간절히 소망합니다.

중문교회 장경동 목사

추천사 4

교회들이 무너지고 성도들은 힘을 잃고 영적으로 침체하고 어두워져 가는 이 시대에 하나님께서는 강신승 목사님을 통하여 한줄기 빛을 비추셨습니다.

전도를 잘 하지 않고 전도가 잘 되지 않는 이 시대에 하나님께서는 강신승 목사님의 저서 '전도상급'를 통하여 전도의 물꼬를 터 주셨습니다.

강신승 목사님을 모시고 전도 간증 집회를 가져본 적이 있습니다. 강 목사님의 메시지는 전도에 대한 이론뿐만 아니라 우리가 상상할 수 없는 전도에 대한 실제적인 방법이 너무 다양하고 풍성했습니다.

전도에 대한 이론과 방법이 넘쳐나지만 실제적인 방법이 부족한 이 시대에 실제적인 전도 방법의 단비를 내려주셨습니다. 그 모든 것이 이 책에 고스란히 녹아져 있습니다. 누구든지 이 책을 손에 드는 순간 '전도, 이렇게 하면 되는구나!', '전도, 너무 쉽구나!' 감탄하면서 전도를 시도하게 될 것이며 전도왕이 될 것입니다.

하나님께서는 이 책을 통하여 많은 전도자를 세울 것이고, 수많은 영혼들을 살릴 것이고, 교회마다 부흥의 불길이 타오르게 하실 것을 확신합니다. 그래서 이 책을 자신 있게 소개하고 적극적으로 추천합니다.

이 책을 통하여 하나님께서는 환하게 웃으시며 큰 영광을 받으실 것입니다.

대구 물댐교회 황일구 목사

추천사 5

　교회의 예배의 문을 닫게 했던 코로나 사태가 모든 성도들을 교회가 아닌 집안으로 가두어 놓았습니다.

　성(性)의 반란으로 치닫는 작금의 행태가 또 한번 성도들을 피폐케 합니다. 이런 상황속에서 전도 책은 다소 시기적으로 안 맞는다 생각이 들 정도입니다. 그러나 이 전도 책은 그렇기 때문에 시대적으로 더욱 필요한 책입니다. 요즘 누가 전도합니까? 요즘 누가 밖에 나갑니까? 복음 전하면 불이익을 당한다는 건 자명한 사실 속에 살고 있습니다.

　그럼에도 불구하고 이 책을 발간한다는 건 전도에 목숨을 걸었다는 뜻으로 해석되어집니다. 주의 종으로 부름 받은 자들은 누구나 다 그렇듯이 오로지 한 길만을 소명으로 여기며 걷는 분들입니다. 오로지 한 길, 오로지 전도, 일보(一步)도 아니고 반보(半步)씩 만이라도 전진하자는 뜻으로 365반보생활전도 책자를 발간해 놓으신 목사님을 실로 존경합니다.

오로지 불신자에게 초점이 맞춰져 있는 이 책은 아주 쉽게, 아주 간단하게, 아주 편안하게 복음 레시피가 담겨져 있습니다. 전국을 다니며 쏟아놓았던 전도의 간절한 부르짖음이 책 내용으로는 무겁지 않게 실려 있어서 누구라도 쉽게 적용하며 읽어주기만 해도 전도가 되는 전도 레시피인 것입니다.

'복음 전하다 죽겠노라'라는 각오로 쓰여진 이 책자가 반드시 마지막 이 시대를 깨우는 '현장전도책자'로 쓰임 받게 될 것을 확신합니다!

전주 새소망교회 박종철 목사
(74대) 기침 총회장 역임

추천사 6

책이 출판되기 전에 읽어 보았습니다. '전도상급' 책 제목부터 감동이네요.

저는 대형교회 목회자이지만 주님을 얼마나 증거 하였는가? 부끄러움이 앞을 가리네요. 주님을 사랑한다고 날마다 고백하면서 주님을 자랑하지 않고 증거하지 않는 것은 위선이라는 생각에 전도 책 제목부터 정신이 바짝 들게 했습니다.

각 장의 제목들만 봐도 가슴을 울리네요.
지금은 영적인 빙하기 시대다!
나는 제자인가 허다한 무리인가!
전도 레시피도 읽어보니 탁월하고 쉽고 적용하기가 너무 좋았습니다.

단순!

반복!

집중!

올인! 을 외치며 날마다 전도하는 목사님을 응원합니다.

2017년도 김해시 부활절에 강사로 오셨는데 강력하게 부활의 복음을 전하시던 목사님의 열정의 모습이 지금도 생생합니다.

이번 귀한 책이 코로나19로 움츠렸던 한국교회에 신선한 새 바람을 일으키는 전도책이 될 줄 믿고 강력하게 추천합니다.

김해중앙교회 강동명 목사

차례

예수님의 생애, 십자가 사건, 부활에 대한 객관적인 기록 4
한 번 구원은 절대 영원한 구원이 되지 않는다 8
성경적인 영접 기도문 12
추천사 14

1. 한 영혼을 살리는 온도는 36.5℃ 30
2. 지금은 '영적인 빙하기 시대' 33
3. 나 증거하지 않으면 그 사랑 모르리 38
4. 전도는 예수님의 마음으로 억울함을 풀어주는 것 42
5. 당신은 예수의 제자입니까? 허다한 무리입니까? 50
6. 음부에서 울부짖는 부자의 음성 58
7. 나는 복음의 장사꾼 66
8. 고기를 잡으려면 '미끼'(접촉점)를 준비하라 73
9. 다른 종교가 감히 흉내 낼 수 없는 부활 복음 81
10. 전도 때문에 12년 감옥생활 87
11. 전도를 가로막는 복병3가지 92

12. 목격자와 증인(사도행전5:32)	99
13. 365 반보(半步) 생활 전도법	115
14. 다양한 전도 레시피, 신무기 제시	121
15. 거리의 성녀 방애인을 아시나요?	164
16. 전도는 기다리는 것입니다	169
17. 사후생(死後生)	173
18. 가장 시급한 선교지 가족	188
19. 나의 목회 이야기(간증)	201
20. 중독에 빠지지 맙시다	210
아름다운 전도의 발걸음	238
예수님은 실존 인물이며 살아계신 하나님	246

내가 복음을 전할지라도 자랑할 것이 없음은

내가 부득불 할 일임이라 만일 복음을 전하지 아니하면

내게 화가 있을 것이로다

· 고린도전서 9:16

지혜 있는 자는 궁창의 빛과 같이 빛날 것이요

많은 사람을 옳은 데로 돌아오게 한 자는

별과 같이 영원토록 빛나리라

• 다니엘 12:3

01

한 영혼을 살리는 온도는 36.5℃

호주 시드니에 사는 쌍둥이를 임신한 행복한 엄마 케이티 이야기입니다.

2010년3월 마침내 쌍둥이 남매가 태어났습니다. 그러나 기쁨도 잠시 한 아기가 사망했습니다.

한 아기의 심장이 안 뜁니다. 태어난 지 20분 만에 내려진 사형선고가 안 믿어집니다.

27주 만에 태어난 몸무게가 1kg도 안 나가는 아기는 그렇게 엄마 곁을 떠나갑니다.

"제가 마지막으로 안아.. 봐도 될까요?"

쌍둥이 엄마는 환자복을 벗고 축 처진 아기의 작은 몸을 감싸 안고 작별인사를 나누기 시작합니다.

"엄마의 체온이 느껴지니?" 엄마는 너를 많이 사랑한단다.

바로 그때 나타난 생명의 기적! 사망선고를 받은 아기의 심장이 다시 뛰기 시작합니다.

  2시간 뒤에 눈을 뜬 아기는 작은 손을 뻗어 엄마의 손가락을 잡았습니다. 엄마의 체온 36.5℃가 차가워진 아기의 심장을 다시 뛰게 한 것입니다. 사람을 살리는 온도, 영혼을 살리는 온도는 36.5℃입니다.

  전도는 희생과 섬김으로 영혼을 품어 생명을 살리는 엄마의 체온과 같습니다. 영혼을 사랑하는 당신의 품속에서 그 생명의 기적은 지금 시작됩니다!

  이 책을 읽는 당신에게 주님의 체온이 사랑으로 당신의 심장을 뛰게 하고, 당신의 체온은 전도함으로 영혼의 심장을 뛰게 할 것입니다.

  당신은 영혼을 살리는 엄마 품 36.5℃의 사람입니다.

> 네가 차든지 뜨겁든지 하기를 원하노라.
> (요한계시록 3:15)

  사람의 체온은 36.5℃가 정상입니다. 체온은 건강을 나타내는 가장 중요한 지표입니다. 저체온으로 온갖 고생을 하는 사람들에게는 1℃만 높여 주어도 면역력이 5배나 증가된다고 합니다.

1℃가 떨어지면 면역력이 30%가 감소가 되는데, 체온이 0.5℃만 떨어져도 여러 가지 질병이 생겨난다는 것입니다.

하나님께서 우리 사람의 체온을 딱 36.5℃로 유지하게 하신 인체의 구조가 놀랍고 신기하기만 합니다.

영적 세계에서도 신앙 체온이란 게 있습니다. 신앙의 체온이 떨어진 사람은 영적인 질병에 노출됩니다. 예배, 성경공부, 기도, 전도에 의욕이 떨어집니다. 헌신하고자 하는 마음이 사라진 분들은 『신앙 저체온증』에 걸려 있는 것입니다.

요한계시록에 나오는 7교회 에베소, 서머나, 버가모, 두아디라, 사데, 빌라델피아, 라오디게아 교회 중에서 차든지 덥든지 하라고 미지근하면 입에서 토해내겠다고 책망받은 교회가 바로 라오디게아 교회입니다.

영적 체온을 올리는 방법은 성령의 충만함을 받는 것입니다. 미지근한 저체온이 아니라, 주님 오시는 그 날까지 열정과 사모함이 떨어지지 않는 멋진 교회와 성도들이 되시기를 바랍니다.

02

지금은 '영적인 빙하기 시대'

관계 전도에서 성공하기 위해서 전도자는 어떻게 살아야 될까요? 바르게 살아야 됩니다. 거룩하게 살아야 됩니다.

담배 피우면서 "예수 한번 믿어 봐!", "교회 다녀 봐!" 이러면 통할까요? 술 한잔하면서 "웬만하면 예수 한번 믿어봐!" 이러면 절대 안 통합니다. 전도보다 먼저 해야 할 우선순위는 우리들의 삶이 성결하고 정직하고 깨끗해야 하고 이럴 때 전도에 큰 밑바탕이 되는 것입니다.

지금 우리는 주님의 재림이 임박한 마지막 시대에 살고 있습니다. 그렇다면 하나님의 자녀가 무엇에 인생을 걸어야 합니까?

하나님은 요나에게 니느웨로 가라고 하는데 불순종하고 다시스로 갑니다. 다시스로 가는 요나의 인생이 형통했나요? 아니면 풍랑을 만났나요? 요나가 니느웨로 가지 않고 다시스로 갔을 때 풍랑을 만난 것처럼, 우리가 전도하지 않는 삶을 살고 세상을 즐기는 쪽으로 간다면 하나님은 풍랑을 일으키시기도 한다는 사실을 명심해야 합니다.

지금 우리가 가야 될 곳은 어디라고 생각하시나요? 하나님의 자녀들에게 니느웨는 어디일까요? 구원받지 못한 가족과 일가친척, 그리고 복음을 듣지 못한 이웃들입니다.

우리가 포기하지 말고 끈질기게 해야 할 것은 전도인데, 자기 혼자 스스로 교회 나오는 사람은 별로 없다는 것입니다. 누군가가 나를 전도해서 교회 나오게 하고 그래서 구원을 받았다면 관계 전도가 얼마나 중요한지를 인식해야 합니다. 그래서 서두에 관계 전도에서 성공하려면 가족이든 이웃이든 관계를 잘 맺어야 한다고 한 것입니다.

요나가 물고기 뱃속에서 3일간 밤낮으로 회개하고 니느웨로 가서 복음을 증거할 때, 1일 노방전도하며 외칠 때 왕과 백성들과 짐승까지 금식하고 회개하여 좌우를 분변치 못하는 12만 명이 심판 받지 않고 사는 역사가 일어났습니다.

> 하물며 이 큰 성읍 니느웨에는 좌우를 분변하지 못하는 자가
> 십이만여 명이요. (요나 4:11)

저는 궁금하기도 하고 매우 부끄럽기도 했습니다. 도대체 요나가 무슨 복음을 전했길래 니느웨 백성들이 회개했을까? 그런데 왜 나

에게는 저런 역사가 일어나지 않을까?

기도하는 가운데 성령의 음성이 들려왔습니다. 요나가 외친 복음은 "회개의 복음이 아니라 회개한 자가 외친 복음이다!" 전도자에게 중요한 것은 비둘기 같이 순결해야 된다는 것입니다.

전도자에게 정말 꼭 필요한 것은 열정이 있어야 한다는 것입니다. 여러분! 남극의 빙산을 성냥불로 녹일 수 있습니까? 남극의 빙산을 라이타 불로 녹일 수 있습니까?

현대를 살아가는 사람들을 보면 예전의 사람들보다 마음이 더 말랑말랑 할까요? 아니면 더 강퍅할까요? 현장에 나가서 전도를 해보면 사람들이 얼마나 차갑고 냉랭하고 딱딱한지 전도하기 힘든 시대가 되었습니다.

저들의 마음이 시멘트 바닥입니다. 마음의 문을 열지 않습니다.

더 놀라운 사실은 예수 믿는 사람들이 라오디게아 교인처럼 냉랭하게 바뀌어 가고 있다는 것입니다. 내 신앙도 미지근하니 전도가 안될 수 밖에 없는 것입니다. 지금 한국교회와 성도들은 진단을 해야 합니다.

내가 구토의 대상인지 역겹다는 것입니다. 하나님께서 토해내시겠다고 말씀하십니다.

전도 대상자의 마음을 녹이려면 예전보다 더 뜨거워야 하는데, 신앙이 점점 더 냉랭합니다. 미지근합니다. 열심이 사라졌습니다.

지금 우리는 영적인 빙하기에 살고 있습니다. 저 불신 영혼들의 마음을 녹이려면 예전보다 더 뜨거워야 합니다.

　간디가 이런 말을 했어요 "영국, 너희가 우리를 지배했을 때 너희들이 기독교를 전했다. 그런데 너희들이 기독교인답게 살면서 전도했더라면 아마 인도에는 힌두교인은 한 명도 없을 것이다. 그러나 슬프게도 너희들의 말과 행동이 너무 달라서 인도에는 기독교인이 거의 없다"

　말 뿐인 거예요. 여러분! 보석은 언제 더 빛날까요? 어두울 때 더 빛이 납니다. 세상이 혼탁하고 어두워갈수록 우리가 이럴 때 조금만 더 진실하게 살고, 바르게 살고, 깨끗하게 살고, 거룩하게 살면 희망이 있습니다.

　별은 밤이 될수록 빛나는 것입니다. 가짜 기독교인들이 신용을 잃을 때, 진짜 그리스도인들이 어떻게 사는가를 보여 주어야 된다고 생각합니다. 우리의 진가를 드러내는 것이 바로 예수님이 말씀하신 것처럼 세상에 소금과 빛이 되는 것이고, 사도바울이 말한 것처럼 향기가 되고 편지가 되는 것입니다.

　우리가 조금 더 도덕적 수준을 높여서 신호등도 잘 지키고, 매너있게 말과 행동도 하고, 회사도 조금 더 일찍 출근하고 늦게 퇴근하면서 정직하게 일할 때, 영혼을 건지는 일에 성공할 수 있다고 생각합니다.

다시 한번 주님을 뜨겁게 사랑했던 그 첫 사랑의 신앙이 회복되어서 지옥 가는 영혼들을 길거리에서 마주 대할 때마다 불쌍히 여기는 마음이 불일 듯 일어나기를 간절히 소망합니다.

복음성가 중에 '믿음과 행실'이란 찬양이 있는데 가사가 마음에 와 닿습니다. 찬양을 열심히 부르시다가 열정이 다시 회복되기를 소망합니다.

믿음과 행실

1. 세상의 밝은 빛이 되려면 어두운 데로 가오
   세상의 소금이 되려거든 예수님 본받으오
2. 세상의 밀알이 되려면 썩어질 데로 가오
   주님의 제자가 되려거든 가신 길 좇아가오
3. 억지로 오리길 가자면 십리 길 동행하오
   얻고자 구하는 자에게는 거절을 하지마오
4. 마음과 행실이 악한 자 선으로 대해주오
   원수 된 자들을 사랑하며 위해서 기도하오
5. 예수님 지셨던 십자가 그 사랑 생각하오
   영생의 약속이 고마우면 그 기쁨 전하시오

[후렴] 믿음과 선한 행실로 이웃에 본을 보여
저희로 하나님 아버지께 영광 돌리게 하오

03

나 증거하지 않으면 그 사랑 모르리

교회들마다 성도들 가슴속에 전도의 불씨를 피우기 위해서 자주 불렀던 찬양이 찬송가 505장 '온 세상 위하여'입니다.

전도현장에 나가기 전에 약방의 감초처럼 이 찬양을 많이 부르곤 했습니다.

온 세상 위하여

1. 온 세상 위하여 나 복음 전하리
만백성 모두 나와서 주 말씀 들어라
죄 중에 빠져서 헤매는 자들아
주님의 음성 곧 듣고 너 구원 받아라

2. 온 세상 위하여 이 복음 전하리
저 죄인 회개하고서 주 예수 믿어라

이 세상 구하려 주 돌아가신 것
나 증거하지 않으면 그 사랑 모르리

3. 온 세상 위하여 주 은혜 임하니
주 예수 이름 힘입어 이 복음 전하자
먼 곳에 나가서 전하지 못해도
나 어느 곳에 있든지 늘 기도 힘쓰리

[후렴] 전하고 기도해 매일 증인 되리라
세상 모든 사람들 듣고 그 사랑 알도록

  어느 주일 예배 시간에 이 찬양을 부르는데 갑자기 전율이 느껴지면서 한 가사가 눈에 들어오기 시작했습니다. 전도 찬양이기에 늘 부를 때마다 은혜와 도전을 받았지만 유독 그날 2절을 부르는데 '십자가 사랑'이 부분에서 가슴이 먹먹해지면서 눈물이 나는 것이었습니다.

  아! 내가 주님을 사랑한다고 고백하면서 얼마나 주님의 십자가 사랑을 전하며 살아왔지! 회개가 일어나기 시작했습니다.

  여러분! 예수님을 믿고 난후에 주님의 사랑을 천만분의 일이라도 알 수 있는 것은 내가 말로만 사랑한다고 해서 되는 것이 아니라 복음의 현장에 나가서 증거 할 때 알 수 있는 것 같습니다. 이 말에 동의하시나요?

현장에 나가서 전도할 때, 핍박도 있고, 거절도 당하고, 창피도 당하고, 자기와의 싸움에서 외로움도 있고 힘든 것도 사실입니다.

예수님께서 십자가에 못 박혀 죽으실 때에 그 주변에 있던 사람들에 의해서 모욕도 받고, 조롱과 박해도 받고, 결국에는 배신까지 당하셨습니다. 그 모든 것을 참아내시면서 죽으신 것입니다. 그렇다면 몸소 사랑을 실천하신 주님의 마음을 조금이나마 헤아리려면 그것은 전도말고는 알 도리가 없다는 생각이 들었습니다.

얼마나 외롭고 고독했겠습니까? 그렇게 주님을 따르던 사람들이 갑자기 돌변하더니 죄수 바라바를 놓아주고 예수를 십자가에 못 박으라고 소리를 지릅니다.

여러분! 전도 현장에 나가서 거절도 당해보고, 핍박도 체험해 보고, 왕따도 당해볼 때 그때 주님의 심정과 사랑이 무엇인지 알게 되지 않겠습니까? 현장에 나가서 복음을 전하다가 속상한 적도 많고, 답답해서 울기도 하고, 정말 힘든 경험들이 있습니다. 그때 정말 주님의 그 사랑을 조금이나마 깨달을 수 있었던 것 같습니다.

우리가 이 찬양을 건성으로 아니면 빈 마음으로 그동안 불렀던 것은 아닌지 되돌아보는 시간이 되었으면 좋겠습니다.

당신은 이 찬양을 부를 때 어느 가사가 마음에 와 닿습니까? 어느 가사에서 전율이 느껴지십니까? 전혀 느껴지지 않는다면 당신은 영적인 문둥병자 일지도 모릅니다.

내가 먼저 주님의 십자가 사랑을 경험해 보지도, 깨닫지도 못하면서 어떻게 저들에게 그 사랑을 전할 수 있나요? '나 증거하지 않으면 주님의 사랑을 모를 수 밖에 없다'는 사실을 깊이 마음에 새기면서 다시 한번 생각해 보는 시간이 되었으면 하는 바람입니다.

이전에 왜 모르고 있었을까 주님이 주신 이 기쁨
이전에 왜 모르고 살았을까 주님이 주신 이 사랑
다시는 방황치 않으리 주님 인도하시니 이제는 절망 않으리 아멘
주님이 내 편 되시니 두렴 걱정 없으리 벅찬 가슴 안고 할렐루야
이전에 왜 모르고 있었을까 주님이 주신 이 감격
이전에 왜 모르고 살았을까 주님이 주신 이 사랑

내가 진실로 속히 오리라 하시거늘 아멘 주 예수여 오시옵소서
(요한계시록 22:20)

04

전도는 예수님의 마음으로
억울함을 풀어주는 것

어느 가난하고 힘 없는 사람이 억울한 일을 당하였습니다. 돈이 많고 힘 있는 사람이 범죄를 저질렀는데, 범죄 현장에 가난한 사람이 있었기 때문에 수사가 그릇된 방향으로 흘러 그 가난한 사람이 억울한 혐의로 죄를 뒤집어쓰게 된 것입니다.

판사는 이 사람이 억울한 상황에 처해 있음을 대충 짐작했습니다. 그래서 그의 형벌이라도 줄여주고자 변호사를 소개시켜 주겠다고 했습니다. 너무나 억울한 일을 당했기 때문에 돈 없이도 변호사를 선임하는 방법이 있으니 알려 주겠노라고 말했습니다.

그러자 이 사람이 판사에게 이렇게 말했습니다. "판사님, 제게 필요한 것은 말 잘하는 변호사가 아니라, 그 자리에 있었던 것을 사실대로 보고 말해주는 증인이 필요합니다." 이 억울한 일을 당한 가난한 사람의 마음이 어떻게 보면 예수님의 마음과 같습니다. 왜냐하면 우리는 예수님의 증인이 되어야 하기 때문입니다.

> 우리는 모두 다 주님의 증인 땅 끝까지 이르러 주 복음 전하세
> 우리는 모두 다 주님의 증인 땅 끝까지 이르러 주 복음 전하세
> 죄인 위해 십자가 지신 고난의 주님 사망권세 이기고 사신 부활의 주님
> 다시 오심 약속하신 재림의 주님 땅 끝까지 이르러 주님 전하세

> 오직 성령이 너희에게 임하시면 너희가 권능을 받고 예루살렘과 온 유대와 사마리아와 땅 끝까지 이르러 내 증인이 되리라
>
> (사도행전 1:8)

 성경에서 '증인'(말투스)이란 단어는 '확장하다', '순교하다'란 의미입니다. 복음은 널리 확장되고 퍼져 나가야 하고, 더 중요한 것은 전도자는 순교할 각오를 가지고 복음을 전할 사명이 있습니다. 그래서 '증인'이란 단어는 매우 준엄한 단어입니다.
 예수님께서 지금 이 시대에 원하시는 사람이 어떤 사람이겠습니까? 말을 잘하는 사람이 아니라, 진리를 말하고 진리에 생명을 거는 참 증인을 원하십니다. 땅의 자랑, 육신의 자랑을 늘어놓는 사람이 필요한 게 아니고, 예수님의 진리를 전하는 증인이 필요합니다.

 여러분! 예수님의 참된 증인들이 되시기를 바랍니다. 진리에 목숨을 거는 참 성도들이 되시기를 바랍니다. 믿음의 선배들은 복음을 전하면서 총 맞을 각오, 굶어 죽을 각오, 얼어 죽을 각오로 살다

가 순교를 했다고 하는데, 지금 우리는 무슨 각오로 살고 있으며 어떤 것이 참된 신앙인인가요? 목 베임을 당하는 순교는 못할지라도 그런 순교적 자세로 범사에 어느 곳에서든지 예수님의 증인이 되어야 합니다.

불신 가족 앞에서, 불신 남편 앞에서, 불신 직장 상사 앞에서, 불신 사장 앞에서, 불신 친구 앞에서도 증인이 되어야 합니다.

건강할 때 두 발로 걸어 다니면서 예수님 믿으세요! 전도할 수 있는 것입니다. 어느 날 내 건강이 무너진다면 전도하고 싶어도 못합니다. 봉사하고 싶어도 못합니다. 기회가 있을 때, 살아 있을 때 전해야 합니다.

고린도전서15장41절에 이런 말씀이 나옵니다.

'해의 영광도 다르며 달의 영광도 다르며 별의 영광도 다른데 별과 별의 영광이 다르도다' 여기 '해의 영광', '달의 영광', '별의 영광', '별과 별의 영광'이 무엇입니까? 이것은 하나님 나라에서 누릴 '영광의 수준'을 말하는 것입니다.

우리가 예수님 믿고 천국 가는 것은 믿음으로 가지만, 천국에 가서 누릴 영광은 각자가 땅에서 어떻게 행하였나에 따라서 다 다르다는 것입니다. 성경은 심은 대로, 행한 대로 갚아 주리라고 말씀하셨습니다. 우리가 각자 교회 안에서 서로를 볼 때 다 비슷비슷하게 보여도 이 땅에 살면서 주와 복음을 위해서 어떻게 살았느냐에 따라서 영광의 상급은 하늘과 땅 차이가 납니다.

　우리가 이 땅에서 주와 복음을 위하여 죽도록 충성하다가 천국에 갔을 때, 주님께서 "아무개 성도야, 너는 해의 영광 상급이다" 라고 칭찬하시며 상을 주셔서 받는다면 그분은 인생 대 성공입니다. 사실 사람들의 입에서 성공 성공 하는데 땅에서의 성공은 성공이 아닙니다. 왜 그런지 아시나요? 그것은 영원하지 않기 때문에 그런 것입니다.

　땅에서 영원한 출세가 있습니까? 땅에 가진 건물이 영원히 내 것입니까? 땅에 쌓아 놓은 물질이 영원히 내 것입니까? 언젠가 죽음이 찾아와서 모든 것을 무너지게 만드는 것입니다.

　땅에서 성공했다고 해도 죽음이 그 성공을 오래가지 못하게 합니다. 그래서 진짜 성공은 죽음 이후에 하나님의 나라에서 내가 어떠한 상급을 받느냐에 달려 있습니다.

　천국에서 '해의 영광'을 받았다면 그분은 인생 성공입니다. '천국 가야 성공'이라는 말도 완벽하게 이루어지는 것입니다. 이 땅에서의 성공은 불완전한 성공입니다. 완전한 것, 영원한 것은 오직 하나님의 나라에서만 가능합니다.

　땅에서 부자로 살지 못하고, 승진하지 못하고, 좋은 대학을 나오지 못하고, 좋은 직장에 다니지 못하고 초라하게 가난하게 비참하게 산 것이 억울한 것이 아닙니다. 진짜 억울한 것은 하나님의 나라에 가서 상급을 받지 못한 그것이 억울한 것입니다. 한번 못 받으면 영원히 받을 기회를 놓치는 것입니다.

사랑하는 여러분~ 천국의 상급은 하나님의 나라에 가서 만들어지는 게 아니고 이 땅에서 만들어 놓고 가는 것입니다. 그래서 우리 크리스천은 하루하루를 무의미하게 보내면 안됩니다. 목적이 있는 삶을 살아야 합니다.

전도 세미나를 인도하면서 제가 늘 하는 유머가 있습니다. 버스를 타고 가는데 사고가 나서 많은 사람이 다치고 그중에 억울하게 죽은 사람들이 있더랍니다. 그들의 신상을 파악해 보니

첫 번째, 내일 결혼식을 앞둔 젊은 아가씨. 내일이면 손꼽아 기다리던 결혼식인데 딸이 사고를 당하였으니 그 부모님의 가슴은 얼마나 아프겠어요! 딸은 결혼도 못하고 자식도 못 낳아보고 죽었으니 얼마나 안타깝고 억울할까요!

두 번째, 야간근무까지 하고 피곤해서 졸다가 한 정거장 더 가는 바람에 사고 나서 죽은 직장인. 졸음 때문에 깜빡 잠든 사이에 도착지를 벗어나 본 적이 있는 경험들이 있을 것입니다. 잠깐 졸다가 죽었으니 참 억울할 것 같습니다.

세 번째, 비가 오는 날 정류장에서 버스를 기다리는데 그냥 지나

쳐 가길래 손을 흔들고 소리를 지르며 달려갔더니 마침 버스 기사가 백미러를 보고 멈춰줘서 잡아 탑승했다가 그만 사고가 나서 죽은 사람.

네 번째, 69번 버스를 타야 하는데 96번 버스를 타는 바람에 사고를 당한 어르신. 연세 드시면 눈이 침침해지고 시야가 잘 보이지 않는데 잘못 보고 타서 사고를 당했으니 얼마나 억울하겠습니까? 연세가 드신 분들은 끄덕 끄덕 하실 겁니다.

그런데 여러분! 세상에서 억울한 일을 당한 사람들 중에서 진짜 제일 억울한 사람은 누구일까요? 정답은 예수 안 믿고 지옥에 간 사람입니다. 얼마나~ 얼마나~ 억울할까요? 지옥에서 울부짖는 부자의 음성이 들리십니까? 소름 끼치지 않나요?

이승만 대통령의 옥중일기를 보면 23살에 고문당해 만신창이가 된 기록이 있습니다. 무려 54년간 고문으로 인한 악몽의 후유증이 있었다고 합니다. 옷을 벗기고 고문하여 모욕감과 수치심을 주었고, 허벅지에 가시로 찔러 고통을 주니 참기가 힘들었다고 고백합니다.

젊은 청년 이승만을 정말 괴롭힌 것은 '억울함'이었다고 합니다. 살인을 했나요? 도적질을 했나요? 지은 죄가 있다면 나라 사랑한 죄밖에 없는데 감옥에 들어가 고문을 당하니 억울해서 화병이 날 지경이었어요.

그러던 어느 날 성경을 읽다보니 예수님은 나보다 백배, 천배 억울했겠구나! 왜요? 예수님은 죄가 없으신 분이니까요. 유일하신 참 하나님이시면서 참 인간이십니다. 죄 없는 예수님이 무한 고통을 당하셨습니다. 사람을 죽여도 한 번에 끝내는 것인데, 십자가 형벌은 6시간 동안 고통을 가합니다. 잔인성을 합법화하면서 고통을 극대화시켜 죽게 만드는 것이 십자가 처형입니다.

700년 역사 가운데 인간이 만들어낸 가장 잔인한 형벌이 십자가입니다. 로마제국의 역사를 보면 십자가 처형을 당한 수많은 사람들의 기록이 있는데 고통이 다 다르다는 것입니다.

감옥에서 골백번도 더 읽었던 십자가 장면을 통해서 청년 이승만은 깨닫게 됩니다. 자신의 처지를 생각하니 내 억울함을 예수님은 아시겠구나! 고문당하고 만신창이가 된 내 곁에 예수님이 계시는구나! 예수님이 나의 힘든 고통, 억울한 처지를 알고 계시는구나!

1899년 1월 30일 이렇게 적습니다. "나는 평생 처음으로 감방에서 기도했다. 오! 하나님 나의 조국 조선 땅을 구원해 주시옵소서!"

정치인으로 잘못한 것도 있지만 신앙인으로서 본받아야 할 아름다운 발자취가 있다고 저는 개인적으로 생각합니다. 건국 대통령의 기도 속에 항상 나라가 있었고 민족이 있었습니다. 여러분의 기도 속에 나라가 있나요? 지옥 가는 영혼들이 있나요?

복음이라고 하는 것이 그래서 대단한 것입니다. 하나님의 아들, 죄 없으신 예수님께서 인간이 만들어낸 가장 고통스러운 형벌인 십자가에 매달려 죽었다는 것은 그야말로 놀라운 사건입니다.

저와 여러분이 믿는 예수!
우리가 증거해야 할 예수!

그 예수는 죽은 예수가 아니라 찬란하게 부활하셔서 지금도 살아계시고 우리와 함께하시고 손잡아 주시고 동행하시는 주님이심을 믿습니다. 내가 전도하지 않아서, 게을러서, 증인이 되어주지 못해서, 억울하게 죽어가는 사람들이 없도록 주위를 살펴 증인의 삶을 살아갑시다!

05

당신은 예수의 제자입니까?
허다한 무리입니까?

**당신은 주님을 십자가에 다시 못 박는 사람입니까?
십자가를 자랑하는 사람입니까?**

주님과 함께할 때 두 부류의 사람들이 있습니다. 첫째 부류는, 제자로써 끝까지 함께하는 사람입니다. 둘째 부류는, 허다한 무리(많은 무리)로 언제든지 떠날 수 있고, 언제든 돌아설 수 있는 사람입니다. 이 글을 읽는 당신은 어느 쪽에 해당된다고 생각하십니까?

누가복음 7장 11절에 '그 후에 예수께서 나인 성으로 가실 때 제자와 많은 무리가 동행하더니' 라는 말씀이 나옵니다. 예수님께서 어린아이의 도시락으로 오병이어의 기적을 행하실 때, 수많은 사람들이 벌 떼처럼 모였습니다.

소경의 눈을 고치시고, 앉은뱅이를 일으키시고, 귀신을 물리치시고, 죽은 자를 살리시고, 주옥같은 설교를 들으면서 은혜를 받고 주님을 따라 다녔습니다. 그러나 로마의 권력 앞에 힘이 없는 모습으로 무너져 십자가에 못 박히실 때 허다한 무리들은 다 도망갔습니다. 비겁하게 줄행랑을 쳤습니다. 믿었던 제자들 조차도 배신을 했습니다.

오늘 우리가 주님의 제자처럼 사나요? 아니면 허다한 무리처럼 사나요? 예수님의 제자가 되려면 끈질김이 있어야 하고, 인내할 수 있어야 하고, 악착같이 붙어있어야 제자가 될 수 있듯이, 전도도 끈질김이 있고 포기하지 않는 근성이 있어야 한 영혼이라도 더 건질 수 있습니다.

교회 안에서도 체육대회나 야유회 행사를 하면 교인들이 아멘 하고 따라 옵니다. 그런데 전도하자고 하면 부담감이 있어서 그런지 피하고, 망설이고, 슬쩍 빠지는 사람들이 의외로 많다는 것입니다. 은혜 받는 일, 기도하는 일, 교제하는 일, 봉사하는 일은 잘하는데 유독 전도하자고 하면 슬슬 뒷걸음질을 합니다.

사도행전을 꽉 짜면 물방울 하나가 떨어지는데, 그것이 사도행전 1장 8절 말씀입니다. 사도행전 전체 28장을 대변하는 핵심 요절 입니다. 그 말씀 속에 4가지 중요한 단어가 들어 있습니다.

성령, 권능, 땅끝, 증인이라는 단어입니다. 전도자에게 그 성령의 권세를, 능력을 주시겠다는 것입니다. 성령이 너희에게 임하시면, 성령을 진정으로 모셨다면, 성령의 사람이 되어 살고 있다면 당연히 권능이 나타나야 된다는 것입니다.

성령을 모신 사람은 기도할 때에, 찬양할 때에, 전도할 때에 당연히 권능이 나타납니다.

짠디컬리 간증

인도에서 실제로 일어나고 있는 놀라운 기적을 나누려고 합니다. 인도에 놀라운 기적이 일어나는 도시가 있습니다. 북인도 울트라프라데시주의 사하란뿌르입니다.

그 도시 안에 제일 가난한 동네 디나뿌르 라는 곳이 있습니다. 1987년도에 이곳에 바람을 타고 한 장의 삐라가 날아왔습니다. 그것은 기독교 단체에서 보낸 복음 전도지였는데, 그것을 문맹이었던 '짠디컬리'라는 35세의 한 여인이 주웠습니다.

힌두교였던 그녀는 그 전도지의 내용을 당시에 학생인 자기 아들에게 읽어달라고 했는데, 그 전도지의 내용을 듣고 그 자리에서 당장 예수님을 믿게 되었다고 합니다.

먼저 결론을 말하면 짠디컬리가 전도한 숫자가 무려15,000명입니다. 가정수로 약1,632가정입니다. 아들 기네시는 목사가 되었답니다. 할렐루야!

지금도 인도는 한 가정당 보통 7~8식구가 살고 있습니다. 어떻게 그런 기적이 일어났을까요? 1984년도 까지는 교회가 없었습니다. 목사도 없습니다. 교회를 가고 싶어도 갈 수 있는 교회가 없었고, 예배를 드리고 싶어도 예배드릴 장소가 없었고 선교사 1명도 없었던 도시였습니다.

강성 무슬림과 힌두교가 섞여서 수만 명이 살고 있는 도시, 정말 호랑이 소굴 같았던 그 도시에 놀라운 일이 일어난 것입니다. 짠디컬리는 성경 말씀이 들어있는 전도지를 가지고 암송하면서 기도를 하기 시작합니다. 그러다 성령의 음성을 듣게 됩니다. "네가 그동안 우상을 많이 섬겼지? 집안에 있는 우상단지와 부적들을 다 태워라"

그래서 가족과 친척들에게 모진 핍박을 받았지만 담대하게 우상들을 불태우고 혼자 예수님을 믿게 됩니다.

짠디컬리는 참 신이요 생명이신 예수님을 믿는 감격으로 날마다 기도합니다. 알콜 중독자이고 우상을 섬기던 남편이 매일 두들겨 패서 짠디컬리는 척추2개가 부러져서 평생을 휠체어를 타고 지내야만 했습니다.

그러던 어느 날 옆집에 사는 자매가 18살에 시집을 왔는데 5년 동안 아기를 못 가졌기에 담 너머로 상담을 하게 됩니다. "기네시 아주머니, 내가 알다시피 5년 동안 아기가 들어서지 않는데 어떡해요?"

그 말을 들은 짠디컬리는 네가 그동안 거짓 신에게 속아서 살아왔기 때문이 아니냐! 참 신을 믿으면 임신할 수 있어! 그가 누군데요? 천지를 만드신 하나님의 아들 예수란 신이다.

내가 그 신에 대한 이야기를 들었다. 하나님이 우주만물을 창조하신 신이라고 들었다고! 그분은 이 땅에서 인간의 몸을 입고 오신 하나님이라고 말씀했다. 그분은 우리 같은 죄인을 구원하시기 위해서 십자가에 대신 못 박혀 돌아가셨다. 그리고 다시 부활하셨다. 그분을 믿고 영접하면 영원한 생명을 얻는다고 했다. 그는 말하기를 나는 길이요 진리요 생명이라고 말씀하셨다. 너! 그 신을 믿어볼래? 믿겠다고 말합니다. 그럼 내가 기도해 줄게 하고 기도했는데 몇 달 후에 임신이 되었답니다. 동네에 그 소문이 나서 임신 못하는 여자들이 몰려오는 것입니다. 그들에게 전도합니다. 여러분은 그동안 거짓 신에 속아서 살아왔습니다. 생명을 주지 못하는 신에게 속아 살았습니다. 내가 참 신을 만났습니다. 그분이 예수 신입니다. 믿으시겠습니까? 다 믿겠다고 하니까 기도를 합니다. 어떻게 되었을까요? 다 임신했습니다. 한 사람도 빠짐없이 할렐루야!

그 다음에 소문 듣고 각색 병자들이 몰려오니까 짠디컬리는 똑같이 예수 신을 전합니다. "예수 신을 믿으면 그분은 귀신도 쫓아내고 모든 병을 고쳤다고 그랬다. 그분은 죽었지만 다시 살아나셨다. 그 예수 신을 믿겠습니까?"

믿겠다고 이구동성으로 말하니까 기도해 주는데, 귀신이 떠나가고 앉은뱅이가 일어나고 소경이 눈을 뜨고 다 고침을 받는 기적이 일어납니다.

　성경의 기적이 그대로 일어나는 그곳에서 20년 동안 짠디컬리가 15,000명을 전도했다고 하니 이 간증을 들으면서 부끄럽기도 하고 저는 충격을 받았습니다.

　매주도 아니고 매일 그 수 많은 사람이 디나푸르 동네에 모이기 시작합니다. 글씨도 모르는 문맹인 짠디컬리가 기도회를 인도합니다. 그들과 우리가 다른 점이 무엇인가요? 그들은 가난하고 못살고 우리는 잘 살고 좋은 집에 좋은 차를 타고 교회 나옵니다. 그들은 먼 길을 마다하지 않고 먼지를 뒤집어 쓰고 슬리퍼를 신고 나옵니다. 그러나 그들에게는 성령의 권능이 있습니다. 우리는 사라지고 있지 않습니까? 한국교회 예배당은 화려하지만 그 속에 권능은 초라해지고 사라지고 있는 것 같습니다. 디나푸르 동네에 사람들이 몰려오니까 힌두교인들이 연합을 해서 이 교회 성도들을 공개적으로 핍박하고 내쫓고자 힌두교 경찰들과 손을 잡고 개미 한 마리 못 들어가도록 이집과 동네 입구를 철통같이 지킵니다. 사방을 봉쇄하고 무슬림 깡패들을 동원하여 두들겨 패고 핍박을 하니까 더 이상 모일 수가 없습니다.

　짠디컬리는 더 이상 모일 수 없으니 여러분 동네에 교회를 세우라고 이야기합니다. 교인들이 사방으로 흩어졌는데 1,332개 마을 중에서 400교회가 세워지는 기적이 일어나고, 어떤 교회는 매주

당신은 예수의 제자입니까? 허다한 무리입니까?

50명씩 침례를 주는 역사가 일어나고 있습니다. 그들은 배우지 못했고 가난하지만 미친 듯이 전도하고 밤마다 모여 기도하니까 성령의 권능이 나타나는 것입니다.

　왜! 나에게는 이런 권능이 없는가? 왜! 한국교회는 이런 능력이 사라지고 있는가? 질병에 끌려 다니고, 어둠의 노예가 되고, 사탄의 세력에 침체가 되고, 별 것 아닌 문제에 우리는 왜 쩔쩔매고 있는가? 왜, 성령의 권능이 필요합니까? 주님의 증인이 되어야 하기 때문입니다. 증인이 되려면 약해서도 안 되고 두려워해서도 안됩니다. 우리들도 그들처럼 성령의 권능을 받아야 됩니다. 글씨도 모르는 분이었지만 그 한 영혼 때문에 하나님 나라가 열리고, 그 도시에 절반이나 교회가 세워지고, 기적의 도시로 탈바꿈하고 있습니다.

　다시 일어납시다! 영적 잠을 깨우는 이 시대의 짠디컬리가 되어 봅시다! 주님! 제가 여기에 있습니다. 저는 말주변도 없고 돈도 없습니다. 내 몸에 질병도 갖고 있습니다. 그러나 저는 주님을 사랑합니다. 복음의 증인으로 살고 싶습니다. 성령의 권능로 내게 다시 한 번 임하여 주시옵소서! 라고 기도할 수 있기를 바랍니다.

주님 내가 여기 있사오니

주님 내가 여기 있사오니 나를 보내소서
나의 맘 나의 몸 주께 드리오니 주 받으옵소서
주님 내가 여기 있사오니 나를 써 주소서
가진 것 모두 다 주께 드리오니 주 받으옵소서
알렐루야 알렐루야 알렐루야 알렐루야

주님 내가 여기 있사오니 나를 보내소서
나의 맘 나의 몸 주께 드리오니 주 받으옵소서
주님 내가 여기 있사오니 나를 써 주소서
가진 것 모두 다 주께 드리오니 주 받으옵소서
알렐루야 알렐루야 알렐루야 알렐루야
나를 받으옵소서 나를 받으옵소서

06

음부에서 울부짖는 부자의 음성

    교육 영화 중에 '내일이면 늦으리'라는 영화를 본 적이 있습니다. 영화의 줄거리는 어느 고아원에서 잘못된 교육과 오해 때문에 어린이가 물에 투신자살하는 내용입니다. 그 다음에 자기들이 잘못했다는 것을 깨달았을 때에는 이미 늦어버렸다는 내용입니다.

    여러분! 내일이면 늦는 것이 교육만이 아닙니다. 그리스도인들에게는 전도가 내일이면 늦습니다. 버스가 지나간 다음에 손을 들면 무슨 소용이 있겠습니까! 현대 유머로는 버스 기사가 백미러 보고 가끔은 멈추기도 한다고 합니다.

    『그 좋은 천국 혼자 갈 수 없잖아요』 책을 내신 김길복 권사님의 간증을 들어보면 전도를 하시다가 충격을 받은 적이 있다고 합니다. 전도를 하려고 신경을 많이 쓴 한 가정이 있었는데, 얼마 후에 그 집에 가보니 그 사람이 이미 세상을 떠났다고 합니다. 결국은 전도를 하지 못한 것 때문에 쇼크를 받았다는 것입니다.

    그러므로 전도하는 일을 자꾸 미루면 후회할 날이 온다는 사실을 명심 또 명심해야 합니다. 그 이후로 권사님은 긴장감과 긴박감으로 복음을 전하는 자세가 달라져 2천 명이나 되는 불신자들에게 복음을 전했다는 간증을 들었습니다.

우리가 정말 전도하는 일이 급선무라고 생각하고 열심으로 전도했더라면 좋을텐데 구원받을 나의 가족과 이웃들이 복음을 듣지 못하여 음부에서 고통당하는 것을 우리가 낙원에서 보게 된다면 과연 우리에게 기쁨이 있을까요? 낙원에 들어가서도 기쁨을 잃어버린 가련한 성도가 되지 않기 위해서 전도에 대한 바른 자세를 가져야 합니다.

누가복음 16장 19절~22절에 보면 거지 나사로는 세상에서 비참한 생활을 했습니다. 요한복음의 말씀을 참고해 보면 나사로는 일찌기 부모님을 사별한 고아였습니다. 자녀에게 부모가 없다는 것 이상 불행한 일은 없을 것입니다. 또한 불치의 병을 앓고 있었습니다. 개들이 와서 그의 헌데를 핥더라고 했습니다. 거기다 나사로는 재산이 없는 가난한 가정에서 살았습니다. 그러므로 부자의 대문에서 버려지는 것들을 주워 먹고 사는 거지였던 것입니다.

그럼에도 불구하고 비참한 세상에서 살았던 나사로는 낙원에 들어가서 아브라함의 품에 안겼습니다. 이 얼마나 놀라운 축복입니까!

누가복음16장23절 이하에 보면 부자는 죽어서 음부에 들어가 너무 고통스러워 견딜 수 없을 때 낙원에 있는 나사로를 보았습니다. 눈을 씻고 다시 보아도 우리 집 대문에서 구걸하던 거지인데 어떻게 나사로가 낙원에 가 있는 거지? 충격이고 이해가 되지는 않았지만 너무 고통스러우니까 아브라함을 향하여 "아버지 아브라함이여! 나를 긍휼이 여기사 나사로를 보내어 그 손가락 끝에 물을 찍어 내 혀를 서늘하게 하소서. 내가 불꽃 가운데서 고민하나이다."

그러나 아브라함의 대답은 "얘 너는 살았을 때에 네 좋은 것을 받았고 나사로는 고난을 받았으니 이것을 기억하라 이제 저는 여기서 위로를 받고 너는 고통을 받느니라" 이 얼마나 엄격한 판결입니까?

우리는 여기서 깨달아야 할 것이 3가지 있습니다.

첫째, 음부에서 고통 받는 영혼들을 낙원에서 볼 수 있다는 것입니다.

여러분! 사랑하는 남편이, 아내가, 자식들이, 음부에서 고통당하는 것을 보게 된다고 생각해 보십시오. 도와주고 싶어도 도와줄 수 없는 상황이 얼마나 안타깝겠습니까! 그러한 고통을 당하지 않기 위해서 우리는 열심히 내 가족과 이웃을 전도해야 합니다.

둘째, 낙원과 음부사이는 큰 구렁이 있어서 왕래가 안됩니다.

아무리 미운 사람이라도 목이 타는 것을 보면 물을 주는 것이 인간의 인지상정인데 그럴 수 없는 곳이 지옥이라는 사실입니다. 우리 민족이 그렇지 않습니까? 남과 북이 갈라져 155마일 휴전선을 두고 서로 총칼을 들이대고 있으니 이 얼마나 뼈아픈 동족상잔의 비극입니까? 무려 70년이란 세월이 지났고 고통당하는 북한 동포들을 보면서 도와주고 싶은데 도와줄 수 없으니, 하루빨리 북한에도 복음이 들어가고 복음으로 남북이 통일되는 그 날이 속히 올 수 있도록 기도해야 합니다.

루마니아 공산당들이 목사님 한 분을 잡아 와서 예수를 부인하고 공산당을 지지하라고 심한 고문을 가합니다. 극심한 고문을 참으면서 예수를 부인하지 않는 목사를 보고 악독해진 공산당들은 목사님의 아들인 14살 난 알렉산드라를 끌고 와서 아버지 앞에 세워 놓고 심한 매질을 하면서 아버지가 항복할 때까지 고문을 가하고 있습니다.

아이의 참혹한 광경을 본 목사님은 견딜 수가 없어서 "내 아이에게 더 이상 고통을 주지 마시오. 내가 항복하겠소" 라고 눈물을 흘립니다. 이 말을 들은 아들은 고개를 쳐들고 사력을 다하여 부르짖기를 "아버지! 아버지가 예수를 부인하면 내가 산다고 하더라도 예수를 부인한 목사 아들이란 말은 듣기 싫어요. 아버지 예수님을 부인하지 말아 주세요!" 라고 피 흘리며 울부짖습니다.

이 말을 들은 아버지는 아들의 믿음의 말에 용기를 얻어 공산당을 부인하고 주님을 따르기로 결심합니다. 화가 치솟은 공산당들은 알렉산드라를 더 심하게 매질하여 죽이고 말았습니다. 이 어린 심령의 믿음이 얼마나 귀하고 장합니까! 이런 믿음을 우리는 본받아야 합니다.

셋째, 낙원에서는 음부에서 부르짖는 탄식소리를 들을 수 있다는 것입니다.

우리는 낙원에 가보지 않았기 때문에 알 수는 없지만 음부에서 부자가 낙원에 있는 아브라함에게 부르짖는 소리로 대답한 것을 보면 나사로도 그 말을 들었다는 말이 됩니다. 저는 이 장면을 생각할 때마다 너무나 끔찍스럽기만 합니다.

나의 가장 소중하고 사랑스러운 사람이 음부에 들어가 고통당하는 모습과 원망하는 소리를 듣는다면 어떻겠습니까?

지금 지옥에서 울부짖는 부자의 음성이 내 가족은 아닙니까? 지금 음부에서 탄식하는 부자의 음성이 내 이웃은 아닙니까? 지금 지옥에서 물 한 방울만 달라고 애원하는 부자의 음성이 내 친구는 아닙니까?

여러분! 사랑하는 자에게는 자기가 가진 것을 무엇이나 주고 싶은 마음이 있습니다. 좋은 일이 있으면 알려주고 싶고, 좋은 물건이 있으면 주고 싶고, 맛있는 음식이 있으면 함께 나누어 먹듯이 세상에서 사랑하는 자들에게 '천국을 상속받게 하는 것' 이상 더 큰 선물은 없습니다.

그러므로 전도는 가족과 이웃에게 최대의 사랑을 실천하는 것입니다. 천국이 있다는 것을 확신한다면, 하나님을 믿는다면, 전도 이상 큰 일이 있겠습니까? 우리도 나사로처럼 낙원에 설 때에 우리의 지난 슬픔이나 고통은 사라질 것입니다. 그러나 음부에서 고통받는 우리의 사랑하는 자들로 말미암아 아픔은 남아 있을런지 모릅니다. 그러므로 우리는 '이 때를 위함이라'는 믿음을 가지고 힘쓰고 애써서 가족을 돌보아 전도하시는 주님의 귀한 자녀들이 되시기를 간절히 부탁을 드립니다.

잠언 12장 24절에 '어진 아내는 지아비의 면류관'이라 했습니다. 잠언 16장 31절에 '백발은 영화의 면류관'이라 했습니다. 잠언 17장 6절에 '손자는 노인의 면류관'이라 했습니다. 데살로니가전서 2장 19절에는 "우리의 소망이나 기쁨이나 자랑의 면류관이 무엇이냐 그의 강림하실 때 우리 주 예수 앞에 너희가 아니냐"라고 사도 바울이 자랑스럽게 힘주어 말했듯이 성도들에게는 자기가 전도한 사람이 면류관인 것입니다.

누가복음16장에 나오는 거지 나사로와 부자의 비유를 통해서 영계가 있음을 기억하고, 지옥에 간 사람이 들려주는 소름 끼치는 절규를 결코 잊지 말아야 합니다. 농사는 한번 실패하면 내년에 다시

지으면 됩니다. 대학은 한번 떨어지면 내년에 재수해서 들어가면 됩니다. 사업은 한번 실패해도 내년에 다시 재기하면 됩니다. 그러나 지옥은 한번 들어가면 다시 나올 수 있는 출구가 없습니다.

아우슈비츠 수용소에는 이런 팻말이 있습니다. "너희들이 수용소에 들어왔다. 나갈 수 있는 길은 죽어서 시신을 불태울 때 연기가 되어 굴뚝으로 나가는 길밖에 없다." 그래서 전도는 내일로 미룰 수 없는 가장 시급하고 막중한 일입니다. 낙원에서 음부를 바라볼 때, 천국에서 지옥을 바라볼 때, 우리의 마음에 걸리는 사람이 없도록 오늘도 바쁘게 살아가지만 음부에서 물 한 방울만 달라고 절규하는 부자의 음성을 들으면서 전도는 내일로 미룰 수 없다는 절박함과 긴장감 속에서 전도하며 사시기를 소망합니다.

누구든지 자기 친족 특히 자기 가족들을 돌보지 아니하면
믿음을 배반한 자요 불신자보다 더 악한자니라.
(디모데전서 5:8)

하늘나라 영광나라

1. 이 세상을 산다면은 얼마나 살건가요
몇백년을 산다해도 몇 천년을 산다해도
주님계신 영원한 곳 하루만도 못합니다

힘쓰세요 힘쓰세요 주의 일에 힘쓰세요
세상 욕심 떨쳐내고 주의 사명 탐내세요
하늘나라 영광나라 우리 위해 있답니다

2. 부귀영화 세상권세 일순간 지나는데
단 하루를 살더라도 주님 위해 살아야지
주님 오실 그 날에는 통곡하게 된답니다
전하세요 전하세요 주의 복음 전하세요
우리 복음 기다리다 듣지못한 부모형제
하늘나라 영광나라 쳐다보고 운답니다

3. 주님 위해 일하는데 어려움 많다지만
어려운 일 참아내면 기쁜 일은 더 많지요
어찌하여 입으로만 주여 주여 한답니까
일하세요 일하세요 주님 위해 일하세요

(후렴) 전도충만 기쁨충만 기도충만 성령충만
하늘나라 영광나라 저기저기 보입니다

07

나는 복음의 장사꾼
(내가 사는 지역을 전도지로 도배하리라!)

전도에 대한 의식이 바꾸어져야 합니다. 타 교인 데려오는 것은 전도가 아니고 양 도둑입니다. 오른쪽 호주머니에 있는 지갑을 왼쪽에 넣고 지갑 하나 더 생겼다고 하면 이것은 영구나 사오정이 하는 말이지 않습니까? 하나님을 모르는 불신자에게 복음을 제시하고 예수님을 영접하여 믿게 하는 것이 실제적인 전도인 것입니다.

마귀가 제일 싫어하는 것이 전도입니다. 그래서 방해공작을 펴고 힘들게 하고, 지치게 하고, 포기하게 만듭니다. 그런데 다른 것은 마귀가 방해도 안하고 아무 말도 안합니다.

예를 들어 교회에서 구제 운동, 밥퍼 운동은 열심히 하라고 합니다. 이 일은 마귀도 좋아하고, 좌파도 좋아하고, 우파도 좋아하고 양파도 좋아합니다. 그래서 마귀는 전도 안 하는 사람을 너무 너무 예뻐한다고 합니다. 어떻게 예뻐하는지 아십니까? "어쩐지 맘에 들어! 어쩐지 네가 좋아" 전도만 안하면 마귀는 마음을 푹 놓고 안심합니다. "안심 일세 안심 일세 등심보다 안심 일세" 라고 한답니다.

하나님이 가장 기뻐하고 마귀가 제일 싫어하는 전도를 2순위 3순위에 넣어 지금 교회마다 교인수가 줄어들고 있는 안타까운 실정입니다. 다시 영혼 구령에 앞장서서 전도를 1순위에 올려 놓아야 한국교회가 소망이 있습니다.

전도가 잘 되려면 교회 홍보를 잘 해야 합니다. 세상의 물건도 가짜라도 진짜라고 홍보를 잘 하니까 불타나게 팔립니다.

새 안산지역에서 개척했던 목사님은 홍보에 일가견이 있어서 우산을 만들어서 비가 오는 날 시민들에게 빌려주었는데 우산에 광고로 '새 안산교회 주 예수를 믿으라!'라는 글씨가 10m 전방에서도 보이고, 건물 위에서도 보이니까 비가 오는 날이면 안산 시내가 교회 우산으로 가득하게 되어 그 광고 효과로 교회가 급성장 했다는 간증을 들었습니다.

결국은 홍보가 잘된 물건이 잘 팔리듯이 교회도 마케팅 전략을 잘 해야만 된다는 것입니다. 유명 연예인이 광고하면 그 물건이 대박을 터트리듯이 내가 사는 지역 주민들에게 아름다운 교회로, 좋은 교회로, 은혜로운 교회로, 교회 홍보만 잘해도 전도하기 수월하다는 사실을 잊지 않기를 바랍니다.

누가복음 14장 23절에 "길과 산울타리가로 나가서 사람을 강권하여 데려다가 내 집을 채우라"는 말씀이 나옵니다. 바로 기독교는 길가로 나가서 복음을 들어야 할 사람이 있으면 어디든지 찾아가는 종교입니다.

제가 84년도에 신학교 들어갈 때만 해도 찬송가 323장 부름 받아 나선 이 몸 어디든지 가오리다 아골 골짝 빈 들에도 복음 들고 가오리다 소돔같은 거리에도 사랑 안고 찾아가서 종의 몸에 지닌 것도 아낌없이 드리겠다는 찬송을 눈물 흘리며 많이 불렀는데, 현대 교회에서는 이 찬송이 사라져가고, 가물가물하고, 예배시간에 별로 부르지 않는다는 사실에 슬프기만 합니다.

예수를 믿는 크리스천이라면 예외 없이 복음의 장사꾼이라는 사실을 한시라도 잊으면 안 된다는 사실을 명심해야 합니다.

마태복음 25장 달란트 비유를 전도에 대입해 보면 우리는 이득을 남겨야 합니다. 한 달란트 받은 자와 같이 숨겨두거나 게을러서 주님 앞에 서는 날 결산의 때에 악하고 게으른 종이란 책망을 듣지 말고 갑절의 이득을 남긴 두 달란트와 다섯 달란트 받은 종처럼 착하고 충성된 종이라고 칭찬 들을 수 있도록 전도현장에 날마다 나가야 합니다.

내가 사는 이 마을을 전도지로 도배하리라! 도배하리라! 도배하리라! 3번 크게 외치시고 선포하시고 전도지를 삶 속에서 늘 가지고 다니면서 만나는 사람들에게 나누어 주는 습관을 키우시기 바랍니다.

제가 목회하는 지역은 건물마다 교회가 세워져 있어 성지라고 말합니다. 어느 날 서울에서 이사 온 가정이 있었는데 교회가 너무 많으니까 선택하기가 힘들어서 길에서 청소하는 미화원에게 "교회가 많은데 어느 교회 가면 좋을까요?" 하고 물었더니 그분의 입에서 하늘빛교회가 툭 나오더랍니다.

평상시에 저희 교회가 전도지를 많이 뿌리니까 바닥에 깔려있는 전도지 보면서 "이놈의 하늘빛교회"라고 욕이 나오면서 청소를 했는데 입력이 되어서 자기도 모르게 입에서 하늘빛교회가 나왔다는 이야기입니다. 뿌리는 것도 너무나 중요합니다. 누군가가 뿌려 놓았기에 거둔 것입니다. 아하! 뿌리는 것도 전도구나! 생각하시고 열심히 다니면서 나누어 줄 때 역사가 일어나는 것입니다. 저희 교회는 매일 전도지10장을 전교인이 실천하고 있습니다. 단체방을 만들어서 늘 확인하고 있습니다.

몸에 배인 습관이 되려면 최소 66일이 걸린다고 합니다.
전도는 무엇보다 습관화, 체질화가 중요합니다. 전도가 될 때까지 인내함으로 당신이 살고 있는 지역을 도배하시기를 축복합니다. 할렐루야! 같은 장소, 같은 시간에 빠짐없이 나와서 전도지와 3

마디 말씀으로 전도하는 사람이 있었습니다. "실례합니다. 선생님은 구원받으셨습니까? 만약 오늘 밤 선생님께서 죽는다면 천국에 갈 수 있습니까?" 이 말은 호주 시드니 조지가에서 무명의 전도자로 40년간 노방전도를 하신 프랭크 제너가 전한 전도 복음입니다.

이 노인은 젊은 날 주님께 서원한대로 같은 시간 같은 장소에서 하루도 빠짐없이 전도를 했습니다. 그러나 단 한번도 "당신을 통해 주님을 영접했어요"라는 말을 듣지 못했습니다. 노인이 된 그는 자신의 삶을 "열매 없는 열심이었노라" 고 회상했습니다. 노인이 탄 세월의 열차가 시야에서 사라질 때쯤 영국 런던에 사는 한 목사에게 신기한 일이 일어납니다.

몇 년 전 영국 런던에 위치한 한 침례교회 목사가 오전 예배를 마치려 할 때 뒤에서 낯선 사람이 일어나 말했습니다. "목사님, 제가 잠깐 간증을 나눠도 될까요?" 목사님은 3분 안에 해달라고 말했습니다. "제가 친척을 만나러 들린 시드니 조지가를 걷고 있을 때 한 노인이 저에게 다가와 말했어요. "실례합니다. 구원 받으셨습니까?" "오늘 밤 죽으면 천국에 가십니까?" 저는 그 말이 계속 신경 쓰였고, 영국에 오자마자 이렇게 예수님을 영접했답니다.

은혜로운 간증에 목사님은 진심으로 그 성도를 축복하고 환영했습니다. 그후 그 목사님은 'LA'와 'PUS'에서 초청 설교를 하던 중, 이와 똑같은 간증을 두 번 더 듣게 됩니다. 이 목사님은 다시 영국에서 말씀을 전하게 되었습니다. 예배 후 4명의 노인이 그에게 찾아와 말했습니다. "우리도 각각25년, 35년 전에 시드니에 갔다가 그 노인에게 같은 질문을 받고 예수님을 영접했어요"

그 목사님은 캐러비안 선교대회에 참석하여 이 간증을 나누었습니다. 3명의 선교사가 와서 "우리도 각각 15년, 25년 전에 예수님을 영접했어요"라고 말했습니다. 그 목사님은 또 미국 조지아로 가서 해군 군종 목사들에게 말씀을 전했습니다. 그 곳에서도 마지막 날 군종 목사로부터 '조지가의 노인' 간증을 듣게 된 목사님은 6개월 후 인도에 가서 5,000명의 인도 선교사 집회에 참석합니다.

집회가 끝나고 식사하던 중 그가 한 인도인에게 물었습니다. "어떻게 크리스천이 되었습니까?" 인도인이 말하길.. "제가 시드니 외교관으로 있었을 때, 아이들을 위해서 장난감과 선물을 사려고 조지가를 걷고 있었습니다. 그때 예의 바른 백발노인이 저에게 다가와 물었습니다." "실례합니다. 구원 받으셨습니까? 오늘밤 죽으면 천국에 가십니까?"

8개월 후 드디어 호주 시드니에서 말씀을 전하게 된 그 목사님은 "혹시 조지가에서 전도하시는 노인을 아십니까?" "네, 그분은 '제너'라는 분인데 지금은 연세가 많아 더이상 전도하지 않습니다."라는 말을 듣고 그의 아파트로 찾아가 '제너'를 만난 목사님은 3년 동안 자신에게 무슨 일이 일어났는지 알려 주었습니다.

제너는 젊은 날, 방탕한 해병 생활을 정리하고 예수님을 영접하고, 구원의 은혜를 갚기 위해 하루 10명에게 전도하리라 다짐합니다. 40년이 지난 지금 열매 없이 주님 뵐 생각에 가슴 아파하던 이 때 듣게 된 기적 같은 말씀, 목사님의 이야기를 듣는 동안 그는 뜨거운 눈물을 흘리며 주님께 감사했습니다. 그는 이 만남이 있은 지 2주 후 기쁘게 주님의 품에 안겼습니다. 이 목사님이 3년간 확인한 결과 146,000명이 전도되었다는 사실입니다.

이 세상에서는 어느 누구도 제너를 알아주지 않았지만 그러나 하늘나라에서는 가장 유명한 분이셨을 겁니다. 반드시 열매 맺게 하실 주님을 믿으며 낙담하지 않고 전도하는 우리는 천국에서 가장 유명한 사람이 될 것입니다.

주님 품에 안기는 그 날까지 멈추지 말고 전도에 힘쓰시길 바랍니다. 우리도 같은 장소 같은 시간 비가 오나 눈이 오나 꾸준히 전도해 봅시다. 하나님은 오늘도 열정의 사람 끈기 있게 전하는 자와 함께 하십니다.

하나님께서 전도의 미련한 것으로 믿는 자들을 구원하시기를
기뻐하셨도다. (고린도전서1:21)

너는 말씀을 전파하라 때를 얻든지 못 얻든지 항상 힘쓰라.
(디모데후서 4:2)

08

고기를 잡으려면 '미끼'(접촉점)를 준비하라
(붕어빵 전도)

전도는 죽어가는 사람들을 살려내자는 교회의 신령한 운동입니다. 전도를 해야 하는 이유는,

첫째, 예수님의 절대 명령에 순종하기 위해서입니다.

> 그러므로 너희는 가서 모든 민족을 제자로 삼아 아버지와 아들과 성령의 이름으로 침례를 베풀고 내가 너희에게 분부한 모든 것을 가르쳐 지키게 하라 볼지어다 내가 세상 끝날까지 너희와 항상 함께 있으리라 하시니라
> (마태복음 28:19-20)

둘째, 피로 값주고 사신 그리스도의 몸된 교회 성장을 위해서입니다. (부흥 없이 성장 없다! 전도 없이 부흥 없다!)

셋째, 전 교인의 영적인 성숙을 위해서입니다.

전도는 제정신으로 하려면 안됩니다. 한 마디로 온 교회가 전도에 미쳐야 하는데 그 비결은 간단합니다. 한 사람이 미치면 다 미칩니다. 전도는 그리스도인들의 영원한 책임인 동시에 영광이요 기쁨이요 보람인 것입니다.

전도가 어려운 2가지 이유를 말씀드린다면,

1. 전도는 내 속에 계시는 성령님께서 행하신다는 믿음을 가지면 두려움이 없습니다.

빌립보서 2장 13절 "너희 안에서 행하시는 이는 하나님이시니" 전도를 나가려고 하면 자꾸 가슴이 두근거리고 두려움이 임하기 때문에 어려움을 겪는 것입니다.

2. 열매부터 생각하기 때문입니다.

마가복음4장에 씨 뿌리는 비유를 통해서 씨는 내가 뿌리지만 싹이 나게 하시고 키우시는 분은 하나님이시라는 확신을 가지고 복음의 씨를 뿌려야 합니다.

전도 요령법

1. 칭찬으로 시작해야 됩니다.

2. 전도에는 투자가 있어야 합니다. 미끼를 준비해야 합니다.

고기 한 마리 잡는데도 미끼가 필요한데 전도는 더 말할 나위가 없습니다. 미끼가 얼마나 중요한지 모릅니다.

1) 눈물의 미끼 (누가복음 19:41, 시편 126: 5-6)

인간에게 고귀한 액체가 3가지가 있는데 땀과 눈물과 피입니다. '땀'은 노력의 상징입니다.

'눈물'은 감정의 상징입니다. '피'는 생명의 상징입니다. 눈물은 하나님께서 오직 인간에게만 주신 선물입니다.

괴테는 말하기를 "눈물 젖은 빵을 먹어보지 않은 자는 인생의 참 맛을 알 수 없다"라고 했습니다. 복음서에 보면 예수님께서도 눈물을 흘리신 기록들이 있는데, 특히 벳바게 언덕에서 예루살렘 백성들을 바라보시면서 애국의 눈물을 흘리셨습니다. 가까이 오사 성을 보시고 우시며 (누가복음 19장 41절) 스펄전은 "눈이 젖어있지 않고는 천국에 들어갈 수 없다"고 했습니다.

교회가 부흥하려면 성도의 눈물이 필요합니다. 전도를 하려면 영혼을 향한 눈물이 필요합니다. 교회를 나무라고 한다면 물이 있어야 성장하는데 물을 줄자가 누구입니까? 예레미야 같은 눈물의 선지자가 절실한 시대입니다. 눈물은 기적이 되며 축복의 열매가 될 것입니다. 눈물을 흘리며 씨를 뿌리는 자는 기쁨으로 그 단을 거둘 것입니다.

2) 사랑의 미끼 (누가복음 1:38, 마태복음 10:42)

전도할 때 가장 중요한 부분이 이 부분인 것 같습니다. 전도 대상자를 만났을 때 첫 이미지가 중요한데 일단 선물을 주면 관계가 쉽게 이루어지는 것을 현장에서 체험합니다.

요즘은 전도용품들이 많이 나와 있어서 노방전도를 나가면 접촉하기가 매우 쉬운데 예를 들면 교회들이 제일 많이 하고 있는 것이 커피를 준다거나 물티슈를 가지고 전도하는데 우리 교회를 소개하면 차별화된 전도 방법을 사용하고 있습니다. 일명 '대 붕어빵 전도'입니다.

길거리에서 파는 일반 붕어빵과는 차이가 있습니다. 붕어빵 크기도 두 배, 맛도 두 배, 물론 재료도 두 배의 돈이 들어가지만 반응이 넘 좋습니다. 결국 전도는 처음에 접촉점이 중요한데 무엇으로 접촉할 것인가! 신중하게 고려해서 선택을 잘 해야 합니다. 남이 하는 것 따라 하는 것보다는 우리 교회만의 특별한 것이 있으면 훨씬 전도하기가 용이하다는 것을 말해 드리고 싶습니다.

저희 교회는 토요일마다 교회 앞에서 붕어빵을 굽는데 팁을 드리면 한 장소에서 꾸준히 하는 것이 중요합니다. 사람들이 지나가면서 붕어빵을 보는 순간에 잉어빵 같다고 놀라고, 맛에 놀라고, 목사님이 직접 붕어빵을 굽는 모습에 감동받아 전도된 사람도 있습니다.

붕어빵을 구우면서 우리나라에서 하나밖에 없는 '대붕'이라고 말씀드리면서 자신감을 가지고 하다보니 하늘빛교회 붕어빵이 최고로 맛있다고 소문이 나 있고, 목사님이 큰 붕어빵을 공짜로 주냐고 장사하라는 분들도 있답니다.

밀가루 재료가 일반 붕어빵보다 배는 비싸기 때문에 개척교회가 하기가 부담되겠지만 영혼을 살리는 일에 투자하면 반드시 하나님께서 갚아주십니다. 붕어빵 전도할 때 중요한 것은 사람들이 줄을 서서 기다릴 때 서두르지 말고 천천히 만들면서 훈련받은 전도자가 1대1 맞춤으로 전도지나 전도 메시지를 (1분 전도 말씀, 5분 전도 말씀) 전하는 것입니다.

학교나 경로당에 가서 해보면 줄을 너무 많이 서 있기에 때로는 복음 전하는 것이 애로 사항도 있지만 붕어빵은 접촉점이고 교회를 좋은 교회로 소문나게 하는 것이기에 지역 주민을 섬긴다는 자세로 해야 합니다.

주는 자가 받는 자 보다 복이 있다고 했습니다.(사도행전 20:35) 우리나라 전도 왕들의 간증을 들어보면 하나같이 집에 있는 것들을 다 퍼부어 주었습니다. 지극히 작은 자 하나에게, 소자에게 '냉수 한 그릇' 주는 것부터 시작하는 것이 전도의 출발이라고 생각합니다.

> 또 누구든지 제자의 이름으로 이 작은 자 중 하나에게 냉수 한 그릇이라도 주는 자는 내가 진실로 너희에게 이르노니 그 사람이 결단코 상을 잃지 아니하리라 하시니라. (마태복음 10:42)

지극히 작은 자 하나에게

가난한 영혼 억눌린 영혼 지극히 작은 영혼까지

주의 사랑을 베풀리라 아름다운 그 사랑을

연약한 영혼 절망한 영혼 지극히 작은 영혼까지

주의 사랑을 전하리라 아름다운 그 사랑을

그들 모두 우리 사랑 원하고 있네 내 작은 사랑까지도

주님 사랑 베풀 때 주님 기뻐하시네 우리를 축복하시네

주님 사랑 그들에게 전하리라 지극히 작은 자 하나에게

주님 사랑 온 세상에 가득하리라 온 세상에 가득히

3) 말씀의 이끼 (히브리서 4:12, 디모데후서 3:15-17)

미끼 중에 최고로 중요한 것은 두말할 필요도 없는 두나미스, 능력의 말씀입니다. 결국은 복음만이 영혼을 변화시키고 구원에 이르게 하는 것입니다. 시편 기자는 여호와의 말씀을 주야로 묵상하는 자가 복이 있다고 했습니다. 무엇보다 전도자는 말씀을 암송해야 합니다. 전도는 영적인 전쟁이기 때문에 말씀으로 전신갑주를 입고 만나는 사람들에게 핵심적인 복음을 효과적으로 전달할 수 있어야 합니다. 그래서 훈련이 필요합니다.

나는 걸어 다니는 성경 말씀이다! (3번 외칩시다)

3. 옷을 단정히 입고 기쁜 얼굴로 복음을 전해야 합니다.
얼굴이 전도지이기 때문에 첫 이미지가 중요합니다. 예수님은 너희가 세상의 빛이요 소금이라고 했습니다. 사도 바울은 예수님의 향기요 편지라고 했습니다.

나는 걸어 다니는 전도지다! (3번 외칩시다)

문제는 현장에 나가서 몇 명을 하느냐가 중요한 것이 아니라 얼마나 최선을 다해서 전도하느냐입니다. 시편 81편 10절에 "네 입을 넓게 열라 내가 채우리라" 사도 바울은 복음을 위하여 매 맞고 모욕당하고 감옥에 갇히고 돌에 맞는 일도 기쁘게 여겼습니다. 바울이 복음에 미친 것처럼 우리도 복음에 미쳐야 역사가 일어납니다. 바울은 모든 것을 배설물로 여겼습니다.
"나는 십자가 외에는 자랑할 것이 없다"라고 담대히 증거 했던 것처럼 예수님 때문에 매 맞고 모욕당하고 조롱당하는 체험을 해봅시다.

> 우리가 만일 미쳤어도 하나님을 위한 것이요 만일 정신이 온전하여도
> 너희를 위한 것이니 그리스도의 사랑이 우리를 강권하시는도다
> (고린도후서 5:13-14)

　사람을 믿게 하고 못 믿게 하는 것은 내가 할 수 없습니다. 그러나 이 집을 채우는 일은 내가 할 수 있습니다. 사람을 강권하여 데려다가 내 집을 채우라(누가복음 14장 23절) 어떻게 할 수 있습니까? 빌립보서4장13절에 "내게 능력 주시는 자 안에서 내가 모든 것을 할 수 있느니라" 아멘 할렐루야!
　악질 중에 특수 악질은 전도하지 않는(무관심)자입니다. 전도하지 않는 교회, 전도하지 않는 성도 하나님은 기뻐하지 않습니다. 다른 것은 다 양보하고 손해 보더라도 전도만큼은 양보가 없어야 됩니다.

> 그런즉 저희가 믿지 아니하는 이를 어찌 부르리요
> 듣지도 못한 이를 어찌 믿으리요 전파하는 자가 없이 어찌 들으리요.
> (로마서 10:14)

> 저희가 날마다 성전에 있든지 집에 있든지
> 예수는 그리스도라 가르치기와 전도하기를 쉬지 아니하니라.
> (사도행전 5:42)

09

다른 종교가 감히 흉내 낼 수 없는 부활 복음

인간이 사는 세상에는 각양각색의 물건들이 많고 종류도 참 다양합니다. 우리에게 필요한 물건도 있지만, 불필요하고 도움이 안 되는 것들도 있습니다. 종교도 마찬가지입니다. 많은 종교들이 존재하고 있고 사람들을 바른 길로 가르치고 있지만 가짜도, 사이비도, 이단도 많다는 사실입니다.

세상은 요지경

MBC 탤런트 신신애 하면 1993년 '세상은 요지경' 노래가 기억나지 않나요? 당시 유명한 노래로 화제가 되었고 대박이 났던 노래입니다. MC들이 "돈 많이 버셨겠네요"라고 질문하자 신신애 씨는 "정말 가수들은 곡 제목을 따라가는 것 같다"며, 주변 사람들에게 사기를 당하고 믿었던 사람들에게 배신당한 아픈 경험담을 이야기했던 기억이 납니다.

노랫말에 "세상은 요지경 요지경 속이다 야이야이 야들아 내 말 좀 들어라 여기도 짜가 저기도 짜가 짜가가 판친다 인생살이 칠팔십 년 화살같이 속히 간다 정신 차려라"라는 가사가 있는데, 정말 세상은 가짜가 많아서 사기당하고 손해 보는 사람들이 많은 것 같습니다. 정말 세상은 요지경 속입니다.

가짜가 판치는 시대, 진짜 복음

사이비·이단들로 인하여 한국에서 수많은 영혼들이 유린당하고, 미혹당하고, 현혹되어 흑암의 권세에 잡혀 멸망으로 가는 사람들이 많습니다. 마귀는 거짓의 아비이기에 영적 사기꾼이고 영적 유괴범입니다.

가짜에 속아 넘어가는 영혼들을 바라보면서 진짜 복음을 알려주어야 할 막중한 책임이 그리스도인들에게 있다는 사실을 절대 잊어서는 안됩니다.

부활 - 기독교의 가장 큰 복음

다른 종교가 흉내 낼 수 없는 '죽은 자가 다시 살아나는 부활'은 오직 기독교에만 존재합니다. 만약 기독교에 부활이 없다면, 오늘 예수님을 믿는 우리가 제일 불쌍한 자들이 됩니다.

고린도전서 15장 14절 이하를 보면 "만일 예수님이 살아나지 못하셨다면 우리가 전파하는 것도 헛것이요, 또 너희 믿음도 헛것이며, 거짓말쟁이가 되는 것"이라고 말씀합니다.

부활을 믿는 자와 믿지 않는 자의 차이

예수님을 믿는 사람과 불신자의 삶에는 엄청난 차이가 있습니다. 믿음이 없는 자들은

"사람이 죽으면 살아나는 부활이 없다, 영원한 천국도 없다, 무서운 지옥도 없다, 죽으면 그만이다, 죽으면 끝이다"라고 생각하며 살아갑니다.

그래서 성경은 부활이 얼마나 중요한가를 가르쳐 줍니다. 기독교의 최고의 복음은 오직 부활이기 때문입니다.

'예수님 다시 살아나셨다'는 선포가 기독교 신앙의 출발입니다. 이 부활이 있기에 우리는 세상에서 가장 행복한 자가 됩니다.

왜 우리가 행복자입니까?

우리도 앞으로 죽으면 예수님처럼 다시 신령한 몸으로, 영생의 몸으로 부활합니다. 천국에 가면 이 땅에서 행한 선한 일, 십일조를 드리며 주일을 지켰던 것, 열심히 봉사하고 수고하고 헌신한 일, 무엇보다 최선을 다해 전도했던 것 등 이 모두를 상급으로 보상을 받게 되니 우리는 영원한 행복자입니다. 할렐루야!

부활이 있기에 기독교는 당당하다

'예수님 다시 살아나셨다'는 부활이 있기에 기독교는 모든 종교 가운데 뛰어난 종교가 됩니다.

여러분, 눈을 크게 뜨고 어느 종교에 부활절이 있는가 찾아보세요. 이 지구촌 어디를 가도 부활절이 있는 다른 종교는 한 곳도 없습니다. 오직 기독교에만 부활절이 있습니다. 할렐루야!

당당함의 이유 - 부활

왜 우리가 목에 힘을 주고 자신 있게 전도를 하고 신앙생활을 합니까? 예수님이 다시 살아나셨기 때문입니다.

세계 어느 종교가 우리 기독교를 흉내 내겠습니까? 저들은 부활절을 만들고 싶어도 못 만듭니다. 왜 못 만들까요? 저들이 믿는다고 하는 교주의 시체가 무덤에 그대로 누워 있기에 '부활'이라는 말을 쓰고 싶어도 못 씁니다.

죽으셨다가 다시 살아나신 오직 우리 예수님만이 '부활'이라는 단어를 쓸 수 있습니다. 그래서 우리는 부활의 예수님 때문에 당당하게 어깨를 펴고 신앙생활하는 것입니다.

지금의 현실과 우리의 책임

요즘 우상을 섬기는 자들, 이단 사이비 종교에 빠진 자들이 부끄러워해야 하는데, 어찌된 판인지 저들이 고개를 빳빳이 들고 포교활동을 하고 있으니 참으로 가슴 아픈 일입니다.

그야말로 가짜가 판치고 돌아다니는데 진짜인 우리 크리스천들은 침묵하고 있으니 어찌해야 합니까?

몇 년 전만 해도 전도를 나가보면 이단에 다니는 분들은
"교회 다니시나요?" 하면 "다녀요~" 하다가
"아 그래요~ 어느 교회를 다니는데요?"라고 물으면 "그냥 다녀요~"(자신 있게 말 못하고 숨김)
나중에 알고 보면 이단, 아니면 우상 숭배하는 사람인 것을 알게 됩니다. 아마 자기들도 이단에 다니는 것을 부끄러워한 것 같습니다.
그런데 지금은 많이 달라졌습니다.
"혹시 예수님 믿으십니까?" 하고 물어보면
"우리 신천지요"
"우리는 하나님의 교회 다녀요"
"우리는 불교요"
"절에 다녀요"
등등 얼마나 당당하게 대답하는지 모르겠습니다.

크리스천의 당당함

한 예를 들어 설명하면 어느 교회에 박 집사가 주일예배를 마치고 집으로 돌아가는 길에 직장 상사를 만났습니다.
"어~ 박 계장, 어디 다녀오나?"
"예 뭐~ 거시기 어디 좀 다녀옵니다…"
당당하게 말하지 못하고 그 자리를 피하는 것을 보게 됩니다. 참으로 마음이 아픕니다.

부활의 복음을 다시 점검하자

오늘 예수 믿는 우리들에게 부활의 복음이 있는지 진단해 보아야 합니다. 인류의 죄를 청산하기 위해서 십자가에 못 박혀 죽으시고 삼일 만에 부활하신 주님을 만난 경험이 있는지, 감격이 있는지 되돌아보아야 할 때입니다.

당신이 정말 크리스천이라면 당당하게 어깨 펴고 예수님을 드러내고 살아가시기를 바랍니다.

"예배드리고 오는 길입니다."

당당하게 말하고 드러내시기를 바랍니다.

예수님의 부활을 믿는 우리는 신앙생활하는 것을 당당하게 드러내고 살아야 할 줄 믿습니다.

전도도 기죽지 말고

전도도 기죽지 말고 당당하게,

"할렐루야~"

"사장님, 예수님 믿으시나요?"

"아주머니, 교회는 다니시나요?"

"예수님 믿어야만 구원을 받습니다."

절대로 밀리지 마시기 바랍니다. 나의 최고의 백그라운드는 부활의 예수님이십니다. 아멘!

10

전도 때문에 12년 감옥생활

히틀러 정권에 항거하다 8년 동안 옥고를 치른 마틴 미네르 목사가 쓴 『전쟁백서』를 보면 이런 간증이 나옵니다. 감옥에 갇혀 있는 동안 신비하게도 똑같은 꿈을 7번이나 꾸었다고 합니다. 사람들이 심판받으려고 줄을 서 있는데 한 사람이 시시콜콜 따지면서 항변하는 것입니다.

"도대체 누가 감히 하나님 앞에서 저렇게 따지는 거지?" 하고 가까이 가서 보니 바로 악명 높은 히틀러였습니다. 그는 세 가지 근거로 심판대 앞에서 항변을 합니다.

1. 내가 죽는 순간까지 나에게 전도한 사람이 단 한 사람도 없었습니다.
2. 예수라는 분이 내게 왜 필요한지 가르쳐 준 사람이 단 한 사람도 없었습니다.
3. 예수를 믿지 않는 이유 때문에 지옥에 간다는 경고를 해 준 사람이 단 한 사람도 없었습니다.

"그러니 내가 지금 예수를 믿지 않았다는 한 가지 이유 때문에 지옥에 간다는 것은 너무 억울합니다" 이것이 히틀러의 항변입니다.

이때 갑자기 미네르 목사님에게 하나님의 음성이 들려옵니다.

"너는 지금 항변하는 히틀러를 주목하라. 저 히틀러가 폭군이 되고 전쟁의 광신자가 된 것은 네가 그에게 전도하지 않았기 때문이다."

미네르 목사님은 큰 충격을 받았고, 그 이후로 만나는 사람들에게 지나치는 법이 없이 복음을 전했다고 합니다. 물론 꿈속 이야기지만 이 안에 깊은 영적 메시지가 담겨 있습니다.

저는 분명 거지 나사로가 생전에 부잣집 대문에서 구걸하며 연명했지만, 부잣집 주인에게 자주 복음을 전했다고 생각합니다. 그러나 부자는 "거지 주제에 네 꼬락서니나 어떻게 해 보라"라고 문전박대했을 가능성이 큽니다. 저는 마틴 미네르 목사님의 『전쟁백서』를 읽으면서 목회와 삶을 돌아보는 계기가 되었습니다.

> 그런즉 그들이 믿지 아니하는 이를 어찌 부르리요 듣지도 못한 이를 어찌 믿으리요 전파하는 자가 없이 어찌 들으리요 보내심을 받지 아니하였으면 어찌 전파하리요 기록된 바 아름답도다 좋은 소식을 전하는 자들의 발이여 함과 같으니라.
>
> (로마서 10:14-15)

날마다 스치는 사람들을 그냥 지나칠 때마다 망설여지고 다가가는 것이 쉽지 않습니다. 바쁘게 살아가는 사람들을 길에서 멈추게 하고 말을 건네는 것이 어렵고 실례가 되는 행동이지만, 영혼 구원의 입장에서 보면 반드시 해야 하는 일입니다.

히틀러의 항변이 전율로 다가옵니다. 내가 게을러서 내 주변 사람들이 복음을 듣지 못하고 히틀러처럼 억울하다고 항변하며 지옥에서 심판을 받는다면 어찌해야 합니까? 그런 사람이 나오지 않도록 때를 얻든지 못 얻든지 전파해야 한다는 사명감과 책임감이 듭니다.

그러나 전도는 생각만 가지고, 결심만 가지고 되는 것이 아니기에 꼭 훈련이 필요합니다. 억울한 사람이 생기지 않도록 내 가족과 이웃과 친구들을 돌아봐야 할 때인 것 같습니다.

천로역정의 저자는 존 번연입니다. 존 번연은 1628년에 태어났습니다. 그 당시는 순수하게 말씀대로 살아가는 이들을 핍박하는 시대였습니다. 그런 핍박 시대에서도 존 번연은 담대하게 복음을 전했습니다.

그는 전도했다는 이유로 감옥에 들어가 12년의 긴 세월 동안 감옥생활을 합니다. 본인 스스로가 핍박자들이 말한 대로 "나는 전도 안 하겠습니다" 한마디만 하면 감옥에서 풀려날 수 있음에도 불구하고, 존 번연은 "나는 전도해야 합니다" 이 말 한마디 때문에 12년이라는 감옥생활을 하게 됩니다. 존 번연은 전도 때문에 살고 전도 때문에 죽는 자의 삶을 살아갔던 것입니다.

정말 존 번연을 생각하면 이 시대를 살아가는 우리는 얼마나 부끄러운지요. 우리는 언제나, 어디서나 전도할 수 있다는 것이 큰 복인 것을 알아야 합니다.

우리 중에 시장에서 전도하다가, 직장에서 전도하다가, 길거리에서 전도하다가 붙잡혀서 1년 동안 감옥에 다녀온 분들이 계신가요? 아무도 없습니다. 그런데 존 번연은 전도 때문에 12년이라는 세월을 감옥에서 보냈습니다.

누구는 전도 때문에 12년 감옥생활하고, 우리는 전도를 해도 경찰이 잡아가지 않고 감옥에 들어가지도 않음에도 불구하고 전도하지 않는다면 모순이 아닌가 생각해 봅니다.

전도는 교회의 사명이요, 성도의 사명입니다. 우리 예수님께서 공생애를 마치고 마지막 남긴 말씀은 "내 증인이 되라"는 것입니다.

오직 성령이 너희에게 임하시면 너희가 권능을 받고 예루살렘과
온 유대와 사마리아와 땅 끝까지 이르러 내 증인이 되리라.
(사도행전 1:8)

교회와 성도는 오직 주님이 남기신 한마디 말씀을 가슴에 담고, 날마다 '영혼 구원의 생각'이 머리에서 떠나가지 않게 해야 하고 언제나 예수님을 전하는 전도자의 삶을 살아가야 할 줄 믿습니다.

존 번연에게 있어서 12년이라는 감옥생활은 헛된 시간이 아니었습니다. 그는 감옥생활을 하면서 『천로역정』이라는 놀라운 책을 기록했고, 성경 다음으로 많이 읽히는 베스트셀러가 되었습니다. 아직까지 '천로역정' 영화를 보지 못한 분들은 꼭 보시기를 추천합니다. 영화를 보는 동안 은혜와 감동의 여운이 있을 것입니다.

사도 바울은 각 지역을 다니면서 복음을 전할 때 "여기 감옥이 어디 있어요?" 물어보고 감옥에 들어갈 각오를 하고 일생을 전도에 목숨 걸었다고 합니다. 우리 믿음의 선배들이 순교 정신을 가지고 생명의 복음을 전파했듯이, 우리들도 본받아 부끄러움이 없는 전도자의 삶을 살아갑시다.

존 번연처럼 전도 때문에 살고 죽는 자가 되게 하소서! 아멘.
마틴 미네르 목사처럼 날마다 만나는 사람들을 외면하지 말고 그냥 지나치지 말고 입을 열어 담대히 복음을 전하는 자가 되게 하소서! 아멘.

11

전도를 가로막는 복병3가지

등산과 전도의 공통점

경치가 아름다운 곳을 등산할 때 맨 처음은 기대와 설렘을 안고 출발하지만 불과 한두 시간 후에는 마음에 변화가 일어납니다. 계속 산행하면서 힘들고 지치기 때문에 중간에 포기하고 도시락을 먹고 그냥 하산하는 경우가 많습니다.

전도를 나가려고 할 때에도 특히 복병들이 기다리고 있어 기쁨보다는 갈등이 찾아옵니다. 전도를 방해하는 요소들이 몇 가지 있습니다.

첫 번째 복병 - 부끄러운 생각

평상시는 괜찮은데 전도만 하려고 하면 부끄럽고 창피한 생각이 듭니다. 자기 자신의 신분, 나이, 체면 때문에 부끄러워서 전도를 주저하게 만듭니다.

바울은 로마서 1장 16절에 "내가 복음을 부끄러워하지 아니하노니 이 복음은 모든 믿는 자에게 구원을 주시는 하나님의 능력이 됨이라"라고 했습니다.

바울은 '복음'이라는 말만 나오면 흥분하는 것을 보게 됩니다. 로마서 1장에서 7번이나 '복음'이라는 말이 반복되고 있습니다. 그만큼 바울은 복음 때문에 인생의 기쁨과 행복 그리고 삶의 분명한 목표를 가지고 살아가는 것을 보게 됩니다.

왜 우리는 전도란 말만 들으면 부담으로 느끼고 피하고 싶은 건지 바울의 신앙과 우리들의 신앙을 비교하고 점검해 볼 필요가 있습니다.

복음은 '유앙겔리온'인데 '유'는 '좋다·기쁘다·복되다'의 의미를 가지고 있습니다. 그리고 '앙겔리온'은 '소식'이라는 의미를 가지고 있습니다.

이 좋은 소식, 기쁜 소식, 복된 소식을 전해야 하는데 마귀가 부끄러운 생각으로 방해할 때마다 "예수 그리스도 이름으로 명하노니 부끄러운 생각, 창피한 생각은 떠나갈지어다!" 선포하며 기도해야 합니다.

오직 성령이 너희에게 임하시면 권능을 받고 예루살렘과 온 유대와 사마리아와 땅 끝까지 복음을 전하라고 명령하셨기 때문에 먼저 성령 충만함을 받을 수 있도록 전도에 관한 말씀을 암송하고 선포기도를 충분히 해야 합니다. 무엇보다 부끄러움이, 창피한 생각이 사라질 때까지 기도해야 합니다.

　인간들이 풀지 못하는 난제들을 우리 예수님이 해결해 주신 것이 복된 소식입니다. 우리 예수님을 통해서 인간의 생과 사의 문제 즉 죽음의 문제가 해결되었습니다. 죄의 문제가 해결되었습니다. 멸망을 향하여 달려가는, 지옥에 갈 인생이 천국으로 가는 길이 열렸습니다. 이 놀라운 소식이 바로 복된 소식입니다.

　바울은 이 복된 소식 바로 '복음'을 자랑스럽다고 선포하고 있습니다. 당시에 로마 사람들은 교황을 메시아처럼 섬기고 있었습니다. 바울은 힘주어 외칩니다. "로마 황제가 메시야가 아니라 우리 예수님이 메시야입니다" "로마는 이슬처럼 사라지는 나라이지만 하나님의 나라는 영원하리라"

　그래서 바울은 예수님을 진심으로 만나고 난 후 엄청난 변화가 일어납니다. 자신의 생애 전체가 복음을 전하는 삶의 목표를 가지고 살아가는 것을 보게 됩니다.

　우리들도 바울처럼 복음을 자랑하고 담대하게 외쳐야 합니다.

"예수님은 구세주이십니다! 예수님은 구원자이십니다!"

누구든지 사람 앞에서 나를 시인하면 나도 하늘에 계신 내 아버지 앞에서 그를 시인할 것이요 누구든지 사람 앞에서 나를 부인하면 나도 하늘에 계신 내 아버지 앞에서 그를 부인하리라. (마태복음 10:32-33)

예수님과 같은 생각을 하고, 예수님과 같은 행동을 하는 것이 시인입니다. 시인이란 말은 고백한다는 의미도 있고 스스로 인정한다는 의미도 있습니다.

라인하르트 본케(Reinhard Bonnke) 예화

라인하르트 본케는 하나님께 크게 쓰임 받은 아프리카의 복음 전도자입니다. 뜨거운 구령의 열정과 불같은 성령의 권능으로 지난 30년간 지구촌의 방황하는 영혼들 1억 명에게 십자가의 복음을 전파한 분으로, 특히 매년 12번씩 열리는 100만 내지 150만 명의 대인파가 운집하는 아프리카 대륙 횡단 순회 전도 집회를 통해 4,400만 명 이상의 사람들이 예수 그리스도를 구주로 영접하는 놀라운 기적을 일으켰습니다.

1940년 독일의 목사 가정에서 출생하여 영국 웨일즈에서 신학 교육을 받았고, 독일에서 7년간 목회하던 중 선교사의 소명을 받고 남아프리카의 작은 나라 레소토에서 복음을 전하기 시작합니다.

그러던 중 1972년 성령께서 그에게 아프리카 전 대륙, 곧 케이프타운부터 카이로까지 예수 그리스도의 보혈로 뒤덮히는 놀라운 꿈을 보여 주셔서 그는 〈열방을 위한 그리스도〉(Christ for all Nations, CFAN) 선교회를 설립하고 하나님의 뜻에 따라 본격적인 복음 전도를 시작합니다.

1974년 800명으로 시작된 전도 집회가 곧 34,000명의 초대형

텐트 집회로, 수년 내에 15만 명이 모이는 노천 복음 전도 집회로, 그리고 수년 전부터는 100만 명 이상이 모이는 초대형 집회로 확장되었고, 그의 집회에는 성령님의 임재와 말씀과 치유의 강한 능력이 나타났습니다.

본케가 쓴 저서 중에 '11시59분 시간이 다가오고 있다'라는 책이 있습니다. 본케의 말에 의하면 복음시계가 11시 59분이라는 것입니다. 24시간 중에 이제 1분 남아 있다는 것입니다.

종말의 시간은 점점 우리에게 더 가까이 다가오고 있습니다. 노아 시대처럼, 롯 시대 소돔과 고모라처럼 하나님을 잊어버리고 신앙의 우선순위를 뒤로 미루고 현실에 안주하여 살아간다면 땅을 치며 후회할 날이 있다는 것을 우리는 명심해야 합니다.

오늘 마지막 시대를 살아가는 우리는 바울처럼 복음의 전도자가 되어 삶의 자리에서 복음을 부끄러워하지 아니하고 우리 예수님을 드러내고 자랑하면서 살아가야 합니다.

한국의 복음 현황

우리나라 인구가 5천2백만 명 정도 된다고 합니다. 그 중에 기독교인이 19.7%, 불교인이 15.5%, 천주교인이 7.9%라고 합니다.

기독교와 천주교의 인구를 합하면 27.6%입니다. 그러면 불신자가 우리나라에 몇 명인가? 3천743만 명 정도 된다는 것입니다.

다시 말하면 아직도 우리의 주변에 복음을 들어야 할 불신자들이 많다는 사실을 알고 열심히 복음을 전하는 우리 모두가 되어 날마다 하나님의 나라를 확장해 나가는 복음의 전달자가 되어야 하겠습니다.

라인하르트 본케는 1억 명에게 복음을 전했다고 하는데 우리들은 지금까지 신앙생활 하면서 신앙의 연수만 자랑하고 있지는 않는지 반성하며, 내가 사는 지역에서 복음을 자랑하며 전하는 증인의 삶을 살아가도록 노력해야겠습니다.

두 번째 복병 - 두려움

현장에 불신자를 만나려고 나가면 긴장도 되고 두렵게 느껴집니다. 군인이 휴가 나와서 제일 무서운 사람이 누군지 아십니까? 헌병입니다.

음주 운전자가 제일 무서워하는 사람은 경찰입니다. 전도하는 사람들은 누굴 제일 두려워하는지 아십니까? 전도를 하고 있는 사람들은 대답이 바로 나옵니다. 아파트 경비 아저씨입니다. 그대 앞에만 서면 왜 이리 작아지고 초라해지고 두려운지 모르겠습니다.

세 번째 복병 - 불신

전도가 어렵다고 생각하고 힘들다고 생각하고 있는데 거기에다 본인 스스로 안 된다는 생각을 가지고 이 집은 이래서 안 되고, 저 사람은 이래서 안 된다고 미리 불신을 심어 주는 것입니다.

예를 들면

- 이 친구는 불교라서 절에 다녀!
- 이 집안은 유교 집안이야!
- 이 집은 종가 집 자손이야! 제사만 1년에 24번을 해!
- 이 사람은 최 씨야, 고집이 너무 강해서 말이 안 통해!

자신감 가지고 나가도 될까 말까인데 안된다는 불신을 가지고 나가니 백전백패 할 수밖에 없는 것입니다.

그래서 전도 현장에 나가기 전에 기도하라고 주님이 말씀하셨습니다. 전도는 영적 전쟁입니다. 사탄 마귀가 가만히 구경하고 있을 리 없습니다.

그러므로 예수의 이름으로

"두려움은 떠나갈지어다!"

"불신은 사라질지어다!"

"부끄러운 생각은 떠나갈지어다!"

"담대함이 임할지어다!"

이렇게 영적 기도로 무장하고 난 다음에 전도 현장에 나가시기 바랍니다.

12

목격자와 증인 (사도행전 5:32)

길거리를 다니다 보면 "목격자를 찾습니다"라고 쓴 현수막을 볼 수 있습니다. 대개 뺑소니 교통사고를 당한 피해자 가족이 사고에 대한 제보를 얻어 보고자 걸어놓은 것입니다. 안타까운 마음에 제보자에게 보상하겠다고 보상금까지 밝힌 것도 있습니다. 눈물겹게 호소하며 "제발 부탁드립니다"라고 써놓은 것도 있습니다.

그런데 경찰 관계자 이야기를 들어보면 좀처럼 제보가 들어오지 않는답니다. 분명히 목격자가 있는데도 제보를 하려하지 않는다는 것입니다.

추정해 보면 몇 가지 이유가 있답니다. 만사 귀찮아서 신경을 끄는 것이 대부분일 것입니다. 우선 남의 일에 끼어들고 싶지 않아서입니다. 다음으로 제보하면 오라 가라 하고 또 분쟁이 생길 때 입장 곤란한 일이 생길까 염려하기 때문입니다. 또 하나는 나 말고 다른 목격자들도 있을 것이라고 미루기 때문입니다. 그렇습니다. 목격자와 증인은 별도의 사람입니다. 그야말로 목격자는 사건을 목격한 사람을 말합니다. 자기 눈으로 똑똑하게 보고 체험한 사람을 말합니다.

그런데 증인은 목격한 것을 증거하는 사람입니다. 자기 입으로 자기가 보고 체험한 것을 구체적으로 증언하는 사람을 말합니다. 실제로 목격을 하고도 증언하지 않는 사람이 있습니다. 이 사람은 그냥 목격자로 남아 있는 사람입니다. 그런데 목격하고 적극적으로 증언하는 사람이 있습니다. 이 사람은 증인입니다.

성경에도 두 종류의 사람이 있습니다. 하나는 그냥 목격자로 머물러 있는 사람입니다. 이 사람은 분명히 하나님의 놀라운 역사를 목격했습니다. 자기에게 나타난 하나님의 놀라운 역사를 직접 체험했습니다. 다른 사람들에게 나타난 하나님의 놀라운 역사를 눈으로 보았습니다. 그런데 그냥 목격한 것을 자기만 알고 지나갑니다.

다른 하나는 증인으로 사는 사람입니다. 이 사람도 분명히 하나님의 놀라운 역사를 목격했습니다. 그런데 이 사실을 적극적으로 가까운 사람들에게 증언합니다. 더 나아가 자기와 관계없는 사람에게 열정을 가지고 증언합니다. 분명한 것은 하나님의 위대한 역사는 증인들을 통해서 이루어진다는 것입니다. 결코 목격자들을 통해서 이루어지지 않는다는 것입니다. 그래서 우리가 하나님의 위대한 역사의 주인공들이 되려면 증인의 삶을 살아야 합니다. 성경을 보면 베드로가 예수의 증인이었음을 알 수 있습니다. 우리도 예수의 증인이어야 합니다. 그러기 위해서 어떻게 해야 할까요? 주님의 기대를 기억해야 합니다.

흔히 마태복음 28:19 이하의 말씀을 '예수님의 지상명령'이라고 말합니다. 예수님께서 이 땅에서 제자들에게 마지막으로 남기신 말씀이기 때문입니다. 내용은 이렇습니다. "너희는 가서 모든 민족을 제자로 삼아 아버지와 아들과 성령의 이름으로 침례를 베풀고 내가 너희에게 분부한 모든 것을 가르쳐 지키게 하라" 한마디로 이제 세상으로 나아가라는 말씀입니다. 그리고 세상에 가서 증인으로 살아가라는 말씀입니다. 이 말씀 속에는 강력한 주님의 기대가 담겨져 있습니다. 예수님께서는 그 동안 제자들을 훈련시키셨습니다. 제자들을 통해서 이 세상 많은 사람을 구원하시고자 하셨습니다. 제자들을 통해서 이 세상을 변화시키고자 하셨습니다. 이제 저들을 세상으로 보내십니다. 주님께서 저들에게 큰 기대를 걸고 계십니다.

주님께서 우리를 기대하십니다. 이 세상 속에서 훌륭한 예수의 증인이 되어주기를 기대하십니다. 우리가 이점을 잊지 말아야 합니다. 우리를 향한 주님의 기대가 있음을 잊지 말아야 합니다. 그래서 우리는 거룩한 부담감을 가지고 살아야 합니다. 오늘도 증인이 되어야 한다는 거룩한 부담감을 가지고 살아야 합니다. 하나님이 부르시는 날까지 이 거룩한 부담감을 안고 살아야 합니다.

대부분의 그리스도인이 암송하고 있는 사도행전1:8 은 이렇게 되어 있습니다.

"오직 성령이 너희에게 임하시면 너희가 권능을 받고 예루살렘과 온 유대와 사마리아와 땅 끝까지 이르러 내 증인이 되리라 하시니라"

그리스도인들에게 성령이 임하시면 권능을 받게 되고 예수 그리스도의 증인이 될 것이라는 말씀입니다. 이 말씀 속에서 분명히 확인해야 할 것이 있습니다. 주님께서 "증인이 되라"고 명령하시지 않았다는 것입니다. "내 증인이 되리라"고 말씀하셨습니다. 그러니까 증인이 되려고 애쓸 필요가 없다는 것입니다. 그저 우리에게 임하신 성령이 이끄시는대로 순종하며 따르다 보면 저절로 증인이 된다는 것입니다.

사도행전 1장 8절에 '능력을 받게 되리라'와 '증인이 되리라'는 두 단어는 매우 중요합니다. 두 말씀은 연결되어 있습니다. "능력을 받게 되리라, 그리하면 증인이 되리라" 하심입니다. 가끔 우리는 성경에 없는 이야기들을 많이 듣습니다. "증인이 되라"라고 비성서적으로 받아들입니다. 증인이 되라는 말은 성경에 없어요. 증인이란 되라고 되는 것이 아닙니다. 예수님께서 무엇이 부족하시기에 우리보고 증인이 되라고 말씀하시겠습니까? 성경을 똑바로 읽어야 됩니다. '증인이 되리라'입니다.

가끔 보면 별생각 없이 그저 "증인이 되어야 하겠습니다. 증인이 되라고 말씀하셨습니다" 합니다. 예수님께서 그렇게 말씀하신 적 없습니다. "증인이 되리라"고 하셨습니다.

'to do'가 아니고 'to be done'입니다. 주동자가 하나님이십니다. 하나님께서 되게 하시리라, 하나님께서 너희로 증인이 되게 하시리라, 그래서 증인이 될 것이다, 하나님께서 역사하심으로 증인이 될 것이다 - 이 말씀인 것입니다.

문제는 그렇게 되기 위해서는 권능을 받아야 한다는 것입니다. 권능이 문제입니다. 증인이 되기 위해서는 권능을 받아야 합니다. 권능을 받고야 증인이 될 수 있습니다. 헬라어로 '뒤나미스'라고 하는 이 권능(權能)은 내가 받고자 한다고 얻어지는 것이 아닙니다. 오직 성령께서 내게 임하심으로 저절로 받게 되는 것입니다.

제자들 자신 안에서 일어나는 변화의 권능인 것입니다. 하나님의 사람 되게 하는 권능, 참된 제자 되게 하는 권능, 사도 되게 하는 권능, 나아가 증인되게 하는 권능인 것입니다. 비겁한 제자, 도망간 제자, 형편없는 제자를 변화시켜서 능력의 증인 되게 하는 권능인 것입니다. 이것이 가장 중요한 권능입니다. 최고의 권능입니다.

여러분, 성경 말씀을 자세히 보십시오. 성경이 말씀하는 권능은? 원수를 때려 부수는 권능이 아닙니다. 세상을 둘러 엎는 변화가 아닙니다. 로마 정부를 때려 부수는 권능이 아닙니다. 권능은 무엇입니까? 성경이 말씀하는 권능은 자기를 이기는 권능입니다. 비겁한 사람들이 변해서 용기 있는 사람이 되는, 핍박도 죽음도 두려움 없이 담대하게 받아들이는, 그리스도의 참 증인되는 권능인 것입니다.

"너희가 권능을 받고" - 얼마나 귀중한 말씀입니까? 여러분은 어떻게 생각하십니까? 세상이 잘못되었습니까? 여러분은 무엇을 위하여 기도하십니까? 중요한 문제는 나 자신을 이기는 것입니다. 나 자신에 대한 문제가 가장 큰 문제입니다.

"오직 성령이 너희에게 임하시면 너희가 권능을 받고"라고 말씀합니다. 성령을 받으면 권능을 받고, 권능을 받으면 증인이 됩니다. 이것이 순서입니다. 문제는 성령입니다. 여러분, 성령이란 무엇입니까? 성령은 곧 권능입니다.

성령은 단순한 깨달음이 아닙니다. 우리는 성령으로 지식만 얻는 것이 아닙니다. 감동만 받는 것이 아닙니다. 기쁨만 얻는 것이 아닙니다. 우리는 성령께서 임하심으로 권능을 받습니다. 성령은 곧 권능이요 능력을 주시는 존재입니다.

"너희가 권능을 받고… 땅 끝까지 이르러 내 증인이 되리라." 성령을 못 받으면 증인될 수 없습니다. 권능을 못 받으면 증인될 수 없습니다. 증인은 되란다고 될 수 있는 것이 아닙니다. 성령을 못 받은 사람이 무슨 증인이 될 수 있겠습니까? 그럴 수 없습니다. 성령을 받아야만 권능을 받고, 권능을 받아야만 증인이 될 수 있다고 말씀합니다. '증인'은 헬라어로 '말투리아'라고 하는데 아주 재미있는 말입니다. '말투리아'를 영어로 옮겨놓으면 '마터(martyr)'가 됩니다. '마터'는 '순교자'라는 뜻입니다.

글레멘드(Clement)교부는 순교자를 두고 이렇게 말합니다. "피 흘리기까지 증거 하는 사람이 순교자다. 순교자만이 증인이다." 여기서 증인에 대하여 한번 생각해 보아야 하겠습니다.

증인(證人)이 무엇입니까? 증인은 자신의 말을 하는 사람이 아닙니다. 일반적으로 지식을 공급하는 사람을 가리켜 증인이라고 하지는 않습니다. 여러분, 재판정에서 증인을 세우고 재판할 때에도 한번 보십시오.

증인으로 나온 사람이 "내 생각에는요, 내가 느끼기에는요······"라고 말하다가는 대번에 판사가 저리 가라 합니다. 증인은 간단합니다. "보았습니다, 들었습니다" 하면 끝나는 것입니다. 경험한 바 그대로만 말하면 되는 것입니다. 다시 말해서 증인이란 어떠한 진리를 설명하는 사람이 아니라, 진리의 사실성을 말하는 사람인 것입니다. 사실이냐 아니냐, 보았느냐 못 보았느냐, 경험했느냐 안 했느냐 - 그 진실만을 말하는 것이 증인입니다. 때문에 증인은 반드시 경험이 있어야 합니다.

경험 없는 사람은 증인이 될 수 없습니다. 경험적 신앙을 가지지 않은 사람은 증인이 될 수 없습니다. 일생 동안 책을 읽었다고 해서 증인이 될 수 있는 것이 아닙니다. 경험이 있어야 합니다. 증거가 있어야 합니다. 간증이 있어야 합니다. 사랑하는 마음이 있어야 합니다. 아무리 내가 보았다고는 하지만 끌려가서 증인이 되는 것은 사실 귀찮지 않습니까? 그래서 흔히들 못 봤다 하고 맙니다.

그렇습니다. 서로 사랑하기 때문에, 내가 사랑하는 저분이 억울하게 고생하고 있기 때문에 부끄럽지만, 귀찮지만 그것을 떨치고 증인으로 나설 수 있는 것입니다. 따라서 증인은 사실을 사실이라고 말함으로 오는 불이익을, 손해를, 핍박을 받을 각오가 되어 있어야 합니다. 이 굳건한 결단이 있을 때에야 증인이 될 수 있는 것입니다.

예수님의 부활 사건에 증인이 되었다고 할 때에도 그렇습니다. 예수님과 운명을 함께 할 마음이 없으면 증인이 될 수가 없습니다. 잊지 말 것입니다. 나아가 증인에게는 용기가 필요합니다. 담력이 필요합니다. 목이 떨어져도 할 말은 해야 합니다. 옳은 것은 옳고 그른 것은 그른 것입니다.

예수님의 부활하심 - 내가 본 것이요 진리입니다. 이것을 증거해야 합니다. 바로 이러한 용기와 담력이 있어서 증인이 되는 것입니다. 이제는 그 증거 하는 방법을 알아봅시다.

첫째는 말로 증거 합니다. 이것은 이렇고 저것은 저렇다 하고 말로 증거 합니다.

둘째는 몸으로 증거 합니다. 행동으로 증거 합니다. 예수님의 제자 되어 예수님의 사랑을 받았기에 몸으로 증거할 수 있습니다.

셋째는 죽음으로 증거 합니다. 여러분, 증거 가운데서도 가장 큰 증거가 예수님의 부활입니다.

우리는 부활의 증인입니다.

우리가 잘 아는 대로 예수님의 제자들은 거의 다 순교했습니다. 부활은 역사적 사실입니다. 그 사실을 증거하기 위하여 저들은 서슴치 않고 기쁜 마음으로 죽을 수 있었습니다. 보십시요. 증인은 순교로 연결됩니다. 순교가 아니고는 부활의 증인이 될 수 없습니다. 돌에 맞아 죽어가면서도 천사의 얼굴을 할 수 있었던 스데반도, 칼로 목 베임을 당한 야고보도, 십자가에 거꾸로 못 박힘을 당한 베드로도, 도끼로 목 베임을 당한 바울도,…… 그 죽음이 순교였기에 증인이 될 수 있는 것입니다.

로마에 가보면 사도 바울을 목 베어 죽일 때에 사용했던 도구를 만들어 전시해 놓은 것을 볼 수 있습니다. 보니 옛날 우리처럼 앉혀 놓고 칼로 친 것이 아니라, 커다란 절구통같이 생긴 나무토막을 가져다 놓고 그 위에 목을 걸치게 해서 도끼질을 했더군요. 이렇게 비참한 죽음이었으나, 바울은 이것조차도 기쁘게 받아들였습니다. 부활이 확실하기 때문에, 예수님과 함께 부활할 것을 믿기 때문에 기쁨으로 죽을 수 있었던 것입니다. 이런 자가 증인입니다.

베드로는 늘 말씀합니다. 사도행전 2장 32절, 3장 15절, 5장 32절, 10장 39절을 보십시오. "우리가 이 일에 증인이로다"라고 거듭거듭 말씀합니다. 우리가 보았고 우리가 경험했다고 증거 합니다. 베드로는 입버릇처럼 말씀합니다. 내가 눈으로 보았고, 손으로 만졌고, 분명히 예수님과 함께 했다고 말입니다. 다 경험한 것이요, 우리가 증인이라고 말입니다.

성령은 곧 증거의 영(靈)입니다. 성령께서 임하심으로 우리가 권능을 받고, 권능을 받음으로 증인이 될 수 있습니다. 이것이 주님의 마지막 당부의 말씀이요, 마지막 약속의 말씀입니다. 잊지 말 것입니다.

그렇습니다. 성령은 우리가 증인이 되도록 이끌어 주십니다. 그런데 우리가 증인이 되지 못하는 이유는 성령의 인도에 순종하지 않기 때문입니다. 한 목사님이 미국에서 유학을 하고 있었습니다.

경제적으로 너무 어려워서 새벽에 신문을 돌리고 있었습니다. 하루는 마음속에 강한 감동이 일어났습니다. "신문만 돌리지 말고 이 가정들에게 복음을 전하라" 이 목사님이 성령의 강력한 음성임을 깨닫고 순종키로 했습니다. 일주일이 시작되는 첫날마다 신문과 함께 전도 편지를 만들어 배달했습니다. 한 번은 이렇게 썼습니다. "저는 목사입니다. 신문을 배달하면서 당신의 가정을 위해 기도하고 있습니다. 하나님께서 당신의 가정을 축복해 주실 것입니다. 바라기는 가족 모두가 예수 믿고 가까운 교회에 나가시기 바랍니다. 혹시 저의 기도가 필요한 분들은 문 앞에 기도 편지를 놓아두십시요. 제가 정성껏 위해서 기도하겠습니다."

며칠이 지났습니다. 한 아주머니가 아이를 데리고 기다리고 있는 것입니다. 아이가 스트레스 때문인지 잠을 자지 못한다는 것입니다. 자기들은 교회 다니지 않지만 목사님께서 기도해 주시면 낫겠다는 생각이 든다는 것입니다. 목사님이 기도해 주었습니다. 그런데 다음날 아침 이 아주머니가 혼자 서 있는 것입니다. 아이가 잠을 잘 자고 있다는 것입니다. 그러면서 이번 주일부터 자기 집에 오셔서 예배를 드려주시면 좋겠다고 부탁하더랍니다. 그래서 교회가 개척이 되었고, 신문 배달하던 집에서 여러 가정이 참여하게 되었답니다.

그렇습니다.

우리가 성령의 인도하심에 순종하면 증인이 될 수 있습니다. 그래서 전도하라고 마음 속에 누군가를 떠올려주실 때 그대로 순종해야 합니다. 그때 핑계를 대고 나중으로 미루면 안됩니다. 힘들다고 포기하면 안됩니다. 전도할 좋은 기회를 주실 때 그대로 순종해야 합니다. 그때 두려워서 물러서면 안됩니다. 부끄럽다고 주저하면 안됩니다.

증인으로 살아야 합니다. 베드로는 증인이라는 사실을 깨닫고 적극적으로 증인으로 살았습니다. 우리가 증인으로 살려면 어떻게 해야 할까요? 우선 증언할 것을 준비해야 합니다.

우리가 예수를 증언하고자 할 때 다음 몇 가지를 생각해 봅시다.

첫째, 예수가 누구신가를 생각해 봅시다.
요한복음 4장을 보면 예수님께서 사마리아 수가 성에서 한 여인을 만나는 이야기가 기록되어 있습니다. 이 여인은 스스로 해결할 수 없는 인생의 무거운 짐을 지고 살고 있었습니다. 그야말로 죽지 못해 사는 인생입니다. 남자관계가 복잡합니다. 이미 다섯 남자 품을 떠났습니다. 지금 함께 살고 있는 남자도 남편이라 할 수 없습니다. 덧없는 세월을 성적 욕망의 노예로 살았습니다. 마음 깊이 죄책감이 자신을 짓누릅니다. 이제는 죄의 노예가 되어 죄가 끌고 가는 대로 끌려갑니다. 스스로 해결할 길이 없습니다.

그러던 중에 자신을 찾아오신 예수님을 만났습니다. 이분이 자신을 성적 욕망으로부터 벗어나게 해 주실 분이라는 점을 깨닫게 됐습니다. 자신을 사로잡고 있는 죄의 세력으로부터 해방시켜 주실 분이라는 점을 깨닫게 됐습니다. 그래서 물동이를 버려두고 동네로 달려갑니다. 사람들에게 증언합니다.

"보라 이는 그리스도가 아니냐"(요한복음4:29) 그렇습니다. 예수는 우리를 죄 가운데서 구원해 주신 주님이십니다. 우리를 죄의 세력으로부터 벗어나게 해 주셨습니다. 우리를 짓누르던 세상 욕망으로부터 자유케 해 주셨습니다. 우리가 이 예수를 증언해야 합니다.

둘째, 예수의 사랑을 생각해 봅시다.

누가복음19장을 보면 삭개오 이야기가 나옵니다. 삭개오라는 사람은 세리장이고 부자라고 소개되고 있습니다. 이 사람은 비록 부자이긴 하지만 사람들에게 손가락질을 받으며 따돌림을 당하며 살았습니다. 깊은 외로움에 시달리며 살았습니다. 당시 세리장은 지탄의 대상입니다. 로마의 앞잡이로 무자비하게 동포들에게 세금을 뜯어냈습니다. 많은 세금을 착복했습니다. 모두가 그를 미워했습니다. 그리고 키가 작은 사람이라고 소개되고 있습니다. 외모도 보잘 것이 없어서 내세울 것이 없는 사람이었습니다. 그래서 모두가 그를 싫어합니다. 상종하려하지 않습니다. 감당할 수 없는 깊은 소외감이 그를 괴롭힙니다.

그러던 그가 예수를 만났습니다. 그가 살고 있던 여리고에 예수님께서 오셨습니다. 소식을 듣고 예수님을 만나러 달려 나갔습니다. 그러나 키가 작은 삭개오는 예수님 가까이 나갈 수 없었습니다. 그래서 나무 위로 올라갔습니다. 그때 예수님께서 그를 알아보셨습니다. 그리고 놀랍게도 그의 이름을 부르셨습니다. 한 걸음 더 나아가 예수님께서 삭개오의 집에 가시겠다는 것입니다. 그를 친구로 여기신다는 것입니다. 삭개오는 감당할 수 없는 주님의 사랑을 체험했습니다. 예수님께서 그를 따뜻하게 대해 주셨습니다. 그의 형편과 처지를 이해해 주셨습니다. 그리고 깊은 외로움에 아파하는 그의 마음을 만져주셨습니다.

그렇습니다. 예수는 우리를 사랑해 주셨습니다. 우리를 찾아와 주셨습니다. 그리고 우리를 친구로 맞아주셨습니다. 우리를 외로움과 소외로부터 건져내 주셨습니다. 우리가 이 예수님의 사랑을 증언해야 합니다.

셋째, 예수님께서 행하신 일을 생각해 봅시다.

요한복음 9장을 보면 날 때부터 맹인된 사람 이야기가 나옵니다. 이 사람은 태어날 때부터 맹인이었습니다. 그래서 사람들은 죄 때문에 그렇게 되었다고 저주받은 사람이라고 치부했습니다. 이 사람은 앞을 보지 못하는 장애 때문에 고통스러운데다 저주 받은 사람이라고까지 비난을 받았습니다. 그러던 그가 예수님을 만났습니다. 예수님께서 땅에 침을 뱉어 진흙을 이겨 그의 눈에 바르셨습니다. 그리고 실로암 못에 가서 씻으라 하셨습니다. 그래서 이 사람이 순종했습니다. 그랬더니 눈이 떠지고 앞을 보게 되었습니다. 이 사람이 다른 사람들에게 자초지종을 증언했습니다.

> 예수라 하는 그 사람이 진흙을 이겨 내 눈에 바르고
> 나더러 실로암에 가서 씻으라 하기에 가서 씻었더니 보게 되었노라.
>
> (요한복음 9:11)

당시 이렇게 말하면 유대교에서 출교를 당할 상황입니다. 그러나 이 사람은 주저하지 않았습니다. 당당하게 증언했습니다. 그렇습니다. 예수님께서는 오늘도 우리를 위해 많은 일을 하십니다. 우리의 기도에 응답하십니다. 여호와 이레로 많은 일을 준비해 놓으셨습니다. 졸지도 않으시고 주무시지도 않으시면서 우리를 돌보십니다. 갖가지 문제에 직면해서 기도드릴 때 놀랍게 역사해 주셨습니다. 이 예수를 증언해야 합니다. 주께서 나를 위해 행하신 일들을 증언해야 합니다.

사랑하는 여러분! 여러분은 예수에 대해 무엇을 증언하시겠습니까? 잘 준비해 두시기 바랍니다. 우리 그리스도인들은 모두가 예수의 목격자들입니다. 예수를 만났고 그분의 은혜를 받았습니다. 또한 기도의 응답을 체험하며 그분께서 이루시는 놀라운 일들을 체험했습니다. 목격자로 머물러 있으면 안됩니다. 증인이 되어야 합니다. 그리고 적극적으로 증언하는 삶을 살아야 합니다. 우리 주님께서 기대하고 계십니다. 거룩한 부담감을 가지십시요. 그리고 성령께서 오늘도 증인의 삶을 살라고 감동해 주십니다. 그분께 순종하십시요.

우리는 모두 다

우리는 모두 다 주님의 증인
땅 끝까지 이르러 주 복음 전하세
우리는 모두 다 주님의 증인
땅 끝까지 이르러 주 복음 전하세

죄인 위해 십자가 지신 고난의 주님
사망 권세 이기고 사신 부활의 주님
다시 오심 약속하신 재림의 주님
땅 끝까지 이르러 주 복음 전하세
주님 전하세 아멘

13

365 반보(半步) 생활 전도법
(반 걸음, 반 발짝, 거북이, 꾸준함)

  2014년부터 한국도농선교회에서 전도정착훈련원을 개설하고 전국의 목회자와 평신도를 훈련시키면서 또한 연합회, 개 교회, 전국 세미나 및 부흥 집회를 인도하면서 느낀 점이 있었습니다.

  "한국교회 성도들이 왜 1년에 한 명도 전도 못하는 교인이 95%나 될까?" 고민하면서 그렇다면 어떻게 하면 전 교인이 1년에 1명은 전도하는 교인으로 만들 수 있을까 깊이 생각하는데 하나님께서 지혜를 주셨습니다.

  현재 한국교회에 다양하고 효과적인 전도 방법들이 많지만, 부담 없이 전도할 수 있는 365 반보 생활 전도법이 나오게 되었습니다. 365는 1년 365일도 되지만 사람을 살리는 온도 36.5℃입니다.

  반보는 반걸음을 말합니다. "반보만 먼저 가라! 반보만 가자!" 평범하지만 핵심적인 교훈입니다. 반보의 지혜입니다.

예시 1

자전거는 정지하면 넘어집니다. 천천히라도 가야 합니다. 그런데 과속하면 사고가 납니다. 망가집니다, 다칩니다. 이럴 때 지혜가 뭡니까? 반보입니다. 반보만 가더라도 전진은 할 수 있습니다.

예시 2

거북이는 느린 것 같지만 결국은 가지 않습니까! 토끼도 이기지 않습니까! 반보 걸음이라 느리게 보이지만 결과적으로 보면 상당한 속도를 낼 수 있는 것이 반보입니다.

두 발씩 성큼성큼 빨리 가면 금방 지쳐버립니다. 반보씩 가면 덜 지칩니다. 오래 할 수 있습니다. 공동체가 지속적으로 할 수 있습니다. 이런 꾸준함이 힘이 되는 것입니다. 두 발씩 성큼성큼 앞서 가면 다른 사람들이 따라올 수 없습니다. 같이 못 갑니다. 또 시기도 있습니다. 그래서 이런 공격을 받게 됩니다.

"지가 뭔데 저러고 가는 거야?"

그런데 반보만 가면 앞서 가더라도 같이 갈 수가 있어요. 공동체가 성장할 수가 있어요. 이게 반보의 지혜입니다.

혼자 막 가버리면 독불장군입니다. 그렇지만 함께 가면 진짜 영웅이 될 수 있습니다. 한국 교회가 부흥하지 못하는 이유가 여러 가지가 있습니다. 특히 1년에 한 명도 전도를 못하는 교인이 90% 이상입니다. 왜 그럴까요? 전도에 대한 훈련도 부족하지만 전도에 대한 부담이 크기 때문입니다. 반보 전도법은 전 교인이 부담 없이 누구나 함께 할 수 있는 전도법입니다. 1년에 한 명은 전도할 수 있는 시스템입니다.

저희 하늘빛교회를 예로 들어보면 2018년 3월 1일부터 365 반보 전도법을 시작했습니다. 교인들은 매일 1명씩, 사모님은 매일 5명씩, 목사님은 매일 10명씩 만나는 규칙을 정하고 실시했는데 놀랍게도 매주 새 신자가 등록하는 역사가 일어났습니다.

(3개월 12주 연속 한 주도 빠짐없이 등록 인원 37명)

교인들은 하루에 1명 만나는 것이기에 부담감이 전혀 없고 날마다 쉬지 않고 전도지를 나누어 준다는 것이 중요한 핵심이었습니다.

1년이면 365명을 만나는 것이기에 최소한 1명 내지 2명은 올 수 있다는 결론에 도달했기 때문에 전 교인이 1년에 한 명은 전도할 수 있다고 봅니다.

스피드 시대의 트렌드는 반 발짝 앞서 가라는 것입니다.
2004년 소니가 LED TV를 야심 차게 선보였지만 실패했습니다.

그 이유는 너무 앞선 것이었습니다.

  2009년 삼성전자가 문제점을 보완하고 LED TV를 내놓았을 때 히트상품으로 만들어냈습니다. (무설탕 껌, 컵라면, 참치캔, 코코넛 음료 등등- 모두 첫 실패의 시련을 경험했던 히트상품들입니다.)

  현대 사회의 리더에 알맞은 최적의 걸음 폭은 반걸음입니다. 한 걸음은 너무 앞으로 나가는 것입니다. 우리 사회에 적합한 사람은 반 발짝 앞서가는 리더입니다. 반 발짝 앞서가면서 가끔 뒤돌아보고 모두가 따라오지 못하고 있다면, 반 발짝 뒤로 가서 함께 걸으며 설득합니다. 그렇게 해서 이해를 얻으면 또다시 반 발짝 앞서 걸어가는 것입니다. 나를 따르라는 식의 위에서 내려다보는 리더가 되어서는 안됩니다.

  카리스마 있는 리더 한 사람이 전체를 이끄는 것보다 중간 리더, 다양한 유형의 여러 장르의 리더가 전문 분야를 살려 나아가는 것이 건강한 공동체를 이루어 갈 수 있는 것입니다. 반 걸음은 작지만 반짝반짝 빛나는 일입니다. 반걸음은 느린 것 같지만 결국은 좋은 결과를 낼 수 있다는 것이고, 같이 갈 수 있다는 것이고, 오래 할 수 있다는 것이고, 지속적으로 할 수 있다는 것이고, 덜 지친다는 것입니다.

  365 반보 생활 전도법으로 1년에 한 명은 전도하기를 소망해 봅

니다. 그래서 반보 전도가를 만들었습니다. 저희 교회는 예배 때마다 부르기 때문에 전도에 대한 열정이 식지 않고 있습니다. 계속해서 불러 보시기 바랍니다.

반보 전도가 - 찬송가 430장(456장)
주와 같이 길 가는 것

(후렴)
한 걸음 한 걸음 주 예수와 함께 날마다 날마다 우리는 걷겠네
반 걸음 반 발짝 불신자와 함께 날마다 날마다 우리는 전하네
거북이 꾸준함 불신자와 함께 날마다 날마다 우리는 전도하리

전도에 대한 해답이 여기에 있습니다.
전도는 훈련입니다!
전도는 맷집입니다!
전도는 거절입니다!
전도는 자신과의 싸움입니다!
전도는 영적 싸움입니다!

북한의 신무기, 핵무기 개발로 전 세계가 떨고 있습니다. 악한 마귀가 떨도록 핵무기를 장착해야 합니다. 무기가 있어야 합니다. 무

기 없이 싸우니 백전백패하는 것입니다. 싸우려면 단칼이 있던지, 총이 있던지, 폭탄이 있던지, 맨주먹으로 싸우니 성도가 1년에 1명도 전도 못하는 실정입니다.

전도는 반복입니다. 무한 반복해야 합니다. 달인이 될 때까지 하는 것입니다.

사람(영혼)을 살리는 온도 36.5℃, 1년 365일 지치지 않고, 지속적으로, 공동체가 함께 갈 수 있는 전도법입니다.

현재 앞서가는 리더들의 걸음 폭은 반폭·반걸음·반보입니다.

365 생활 반보 전도법은 부담이 전혀 없이 전 교인 1년에 1명은 반드시 전도할 수 있는 시스템입니다.

14

다양한 전도 레시피, 신무기 제시

1. 부활 전도법(에그 전도법)

(달걀 2개, 무정란과 유정란 가지고 하는 전도법)

현장에 나가서 전도할 때 부족한 부분이 예수님의 십자가에 대해서는 전하는데, 부활에 대해서는 너무 미흡하다는 생각을 하게 되었습니다. 복음은 예수님의 십자가와 부활인데, 부활에 대하여 전하지 않는 것은 복음을 50%밖에, 반쪽만 전하는 것 같은 아쉬움이 있었습니다.

그래서 강력한 복음인 부활 전도법을 만들게 되었습니다. 현장에서 사용해보니 흥미롭고 반응이 너무 좋았습니다. 겉보기에는 2개의 달걀이 비슷합니다. 하나는 유정란이고 다른 하나는 무정란입니다. 유정란은 암탉과 수탉이 교배해서 낳은 알이고, 무정란은 수탉 없이 암탉이 혼자 낳은 알이지요.

보기에는 똑같고 구별이 잘 안 되지만 영양 면에서 보면 영양가가 조금 더 있을까요? 가격 면에서 비교해 보면 유정란이 두세 배 차이로 더 비쌉니다. 생명 면에서 보면 큰 차이가 나는데, 어미 닭이 21일 동안 알을 품으면 유정란은 산 달걀이고 무정란은 죽은 달걀이기 때문에 유정란은 병아리가 나오고 무정란은 곪아서 썩어 버립니다.

유전 면에서 보면 엄청난 차이가 나는데 무정란은 죽은 달걀로 끝나고, 유정란은 그 속에서 병아리가 나오고 자라서 닭이 되고, 그 닭이 다시 알을 낳게 되고 그 일이 계속 반복이 되기 때문에 이것이 수천만 년 지나면서 흘러왔기에 지금도 닭이 존재하는 것이지요.

저를 낳아준 부모님이 있었기에 오늘 내가 존재하는 것이고, 우리 부부가 있기에 두 딸이 존재하는 것입니다. 여기에 딱 맞는 성경 말씀이 있습니다.

> 선한 일을 행한 자는 생명의 부활로, 악한 일을 행한 자는 심판의 부활로 나오리라. (요한복음 5:29)

저는 무정란 인생이었어요. 그런데 하나님 만나고 유정란 인생이 되었답니다.

그거 아세요? 부활이 있다고 믿어도 있는 것이고, 부활이 없다고 믿어도 있는 것입니다. 어떻게 믿느냐에 따라서 바뀌는 것이 아니니 사실대로 믿어야 되는 것입니다.

유정란 인생이 되시기 바랍니다.

2. 낙심자 전도법

(교회를 다니다가 상처받아서, 시험 들어서, 교회를 안 나가는, 그래서 1달 되고, 1년 되고, 5년 된 낙심자에 대한 전도법)

한 학생이 대학교에 입학하여 학기말 시험을 치른 후 방학이 되어 교수님 집에 인사하러 꽃다발과 선물을 사들고 교수님 집을 방문하여 초인종을 눌렀습니다. 파출부가 나와 이 학생을 보며 하는 말,

"흥, 이 학생도 다른 학생과 똑같이 교수님께 아부해서 학점 잘 받으려고 선물 가지고 왔군."

(많은 학생이 학점 잘 받으려고 선물 사 가지고 왔었다는 것이죠.)

이 학생은 순수한 마음으로 교수님 집에 감사차 찾아갔는데 파출부의 그 말 한마디에 자존심이 상해서 너무 기분 나빠서 교수님을 만나지도 않고 그냥 집으로 가버렸습니다.

그 다음날 교수님이 이 학생을 불렀습니다.

"자네, 우리 집에 왔었다면서!"

"네, 교수님!"

"그런데 나를 왜 안 보고 그냥 갔나?"

이 학생이 하는 말,

"순수한 마음으로 교수님 만나 뵐려고 선물 사 가지고 갔는데, 파출부의 말 한마디 때문에 너무 기분 나빠서 자존심이 상해서 그냥

집으로 돌아갔습니다. 죄송합니다, 교수님!"

이때 교수님이 너무 중요한 이야기를 합니다.

"자네 나를 만나러 왔었나? 파출부 만나러 왔었나?"

여러분! 누굴 만나러 갔었죠? 교수님 만나러 갔어요. 그런데 파출부가 기분 나쁘게 했다고, 자존심이 상해서 그냥 돌아간 것입니다. 오늘 우리가 교회 나오는 것은 하나님 만나러 온 것입니다. 그런데 사람 때문에 상처받고 기분 나쁘다고, 시험 들어서 교회를 떠난 사람들, 방학한 사람들이 너무 많습니다.

잠언 29장 25절에는 이렇게 말하잖아요.

> "사람을 두려워하는 자는 올무에 걸리게 되거니와
> 여호와를 의지하는 자는 안전하리라."

사람을 의지하고 믿으면 올무에, 덫에 걸린다고 했습니다. 사람은 믿음의 대상이 아닙니다. 사랑하고 용서할 대상입니다.

아이쿠! 성도님이, 집사님이, 권사님이, 장로님이 상처받아 5년 동안이나 교회를 안 나갔다고요? 누구 때문에 5년 동안 교회 안 나간 것은 성도님 손해 아닌가요? 물고기가 물을 떠나면 살 수 없잖아요! 어린아이는 엄마 품을 떠나면 행복하지 않잖아요? 불행하잖아요! 하나님의 자녀는 하나님의 품을 떠나면 안됩니다.

> 나를 떠나서는 너희가 아무것도 할 수 없음이라.
> (요한복음 15:5)

성도님! 이 찬양 기억하시죠?

> 찬 387장(440)
>
> 슬프고 또 외로와 정처없이 다니니
> 예수 예수 내 주여 지금 내게 오셔서
> 떠나가지 마시고 길이 함께 하소서

성도님 멀리 멀리 떠나갔더니 처량하고 슬프고 외로우셨지요? 이제는 주님 품으로 돌아오세요!

나의 욕심 때문에, 나의 헛된 꿈 때문에 그렇게 방황했던 나의 인생을 이제 주께 맡기려네. 이제 아버지의 집으로, 이제 영원한 안식처로 돌아와 눈물 흘리며 엎디니 오 주여 나를 받으소서.

나의 욕심 때문에, 자존심 때문에, 헛된 꿈 때문에 5년 동안 교회를 나가지 않았다구요? 얼마나 힘드셨어요? 하나님 아버지 마음이 얼마나 아팠겠어요!

이 학생의 목적은 교수님 만나러 갔는데 파출부가 기분 나쁘게 했다고 그냥 돌아간 거잖아요! 우리의 목적은 하나님 만나는 거잖아요! 이제 하나님 품으로 돌아오세요! 이제는 방황을 그치시고 아버지 품으로, 하나님 품으로 들어오세요! 그래야 행복하답니다.

실제 사례

이 전도법으로 미용실 원장님을 전도했는데 10년 만에 다시 주님 품으로 돌아왔습니다. 찬양을 제가 직접 불렀는데 원장님이 눈물을 펑펑 흘리셨고, 교회 다시 나가겠다는 다짐을 받았습니다. 저는 찬양한 것밖에 없습니다.

낙심자 전도법은 찬양을 잘 하셔야 감동을 받습니다. 본인이 음치라고 생각되시면 그냥 읽어드려도 좋습니다. 낙심자들은 은혜를 한 번쯤은 경험한 분들이기 때문에 조금만 터치해 주면 과거가 생각이 나서 울게 되어 있습니다.

3. 창조의 근본원리

선생님! 이 세상에 눈에 보이는(존재하는) 모든 물건(사물)이 저절로 만들어졌다고 생각하시나요? 아니죠, 누군가 만들었잖아요. 집, 자동차, 핸드폰 등 이 세상에 눈에 보이는 모든 물건은 만든 사람이나 공장이 있잖아요. 그냥 저절로 생겨난 것이 아니라 사람이 만들었잖아요.

시시하고 하찮은 물건이라도, 생명이 없는 것도 누군가 만들었다면 더군다나 생명이 있는 해, 달, 별, 동물, 식물은 창조주(조물주)가 만들었겠죠! (인간은 만들 수 없으니까요. 그럼 신이 만들었겠죠)

선생님! 사람이 처음에 어떻게 만들어졌는지 생각해 본 적 있으신가요? 선생님은 그냥 생겼을까요? 아니죠, 부모님을 통해서 태어난 것이죠!

이 세상의 창조의 근본원리는
물고기는 물에 살아야 합니다.
나무는 땅에 심겨져야 합니다.
새는 하늘을 날아야 합니다.
사람은 하나님 품 안에서 살아야 합니다.

선생님! 물 떠난 물고기에게 금 쟁반을 받쳐 준다고 물고기가 행복하겠어요? 뿌리 뽑힌 나무에 금테를 둘러준다고 그 나무가 해피하겠어요? 하늘을 나는 새를 잡아다가 황금으로 만든 새장에 넣어준다고 새가 좋아하겠어요? 사람의 호주머니 속에 20억을 넣어주면 행복할까요?

물고기의 고향은 물속에 (그래서 신이 특별 선물로 지느러미, 아가미를 주셨대요)
나무의 고향은 땅속에 (그래서 뿌리를 선물했대요)

새의 고향은 하늘에 (그래서 날개를 주셨대요)

사람의 고향은 품속에 (그래서 신께서 사람만 영혼을 주셨대요)

사람도 하나님의 형상으로 지음받았기 때문에 하나님 품속에 있을 때 최고로 행복하답니다. 하지만 사람들은 창조의 질서를, 법칙을 무시하고 어겨서 불행이 왔습니다. 고통이 오고 죽음이 온 겁니다. (그것이 바로 에덴동산의 선악과 사건입니다. 많이 들어보셨죠?)

물고기는 절대 물을 안 떠납니다. 떠나면 죽는다는 걸 알아요.

나무는 절대 땅속을 안 떠납니다. 사람이 나무를 뽑지 않는 이상.

새는 절대 하늘을 떠나지 않아요. 떠나면 죽음이거든요.

그런데 유독 사람만, 인간만 하나님 품을 떠나서 불행이 왔고, 고통이 왔고, 죽음이 온 거예요.

선생님! 어린 아기가 엄마 품(젖가슴)에 있을 때 제일 행복하듯이 사람도 하나님 품에 있을 때 제일 행복하답니다!

하나님 품으로 돌아오세요. 두 팔을 벌리고 기다리십니다!

복음송 – 그 길고 긴 방황의 늪을 지나,

찬 387장 멀리 멀리 갔더니

4. 세 번 사는 인생 (태생, 일생, 영생)

자매님! 혹시 사람이 세 번 산다는 이야기 들어보셨나요?

한 번은 엄마 뱃속에서 10달(280일)을 살잖아요. 그것을 태생이라고 합니다.

두 번째는 뱃속에 있을 때는 세상이 있는 줄 몰랐지만 태어나서 두 번째 산다고 해요. 그것을 일생, 한평생이라 부릅니다.

세 번째는 언젠가 죽고 나면 끝이라고 생각하는데, 영혼의 세계에서 세 번째 산다는 것입니다. 그것을 영생이라고 한답니다.

그래서 인생은 태생과 일생과 영생이 있습니다. 자매님! 태어나기 전에 엄마 뱃속에 있었다는 사실을 인정하시나요? 내가 태어나서 일생을 살다보니 아! 엄마 뱃속에 10달을 있었구나! 나중에 알았지만 엄마 뱃속에 있었던 걸 전혀 모르잖아요. 생각도 안 나시죠?

마찬가지로 내가 엄마 뱃속에 있었는지 전혀 몰랐지만 있었던 것처럼, 내가 죽은 다음에도 모르지만 영생이 있다는 거예요.

엄마 뱃속의 삶 - 태생

태어나서의 삶 - 일생

죽음 이후의 삶 - 영생

예화

하루살이와 메뚜기가 만나서 재미있게 놀다가 저녁이 되자 메뚜기가 하루살이에게

"내일 놀자!" 그랬더니 하루살이가

"내일이 뭔데?"

"응… 아침에 해가 떠올랐잖아. 그 해가 중천에 있다가 지면서 어두워져 밤이 되거든. 그 다음 날 해가 뜨면 환해지거든. 그게 내일이야…"

메뚜기와 개구리가 만나서 친구가 되어 재미있게 지내다가 겨울이 되어 개구리가 메뚜기에게

"겨울이 되어 잠을 자야 하니까 내년에 만나자!" 했더니

"내년이 뭔데?"

"응… 그것은 봄에 새싹이 돋고, 뜨거운 여름이 지나고, 가을에 꽃이 피고, 눈 내리는 추운 겨울이 지나고 나면 다시 봄이 오거든. 그게 내년이야!"

어린이 동화책에 나오는 이야기지만 인생에 깊은 교훈을 가르쳐 주고 있습니다.

더 이상 내일이 없는 하루살이가 불쌍한 존재입니다. 한 겨울이 지나고 새 봄을 맞이할 수 없는 메뚜기의 삶은 결국 허무하지 않습니까?

내일이 없다는 것은 비극이 아닐 수 없습니다. 내년에 대한 희망을 더 이상 가질 수 없다는 것 역시 비극입니다.

(눈에 보이는 것이 전부라고 생각하고 하루살이처럼, 메뚜기처럼

살아가는 사람들이 많습니다.)

하루살이가 내일을 모르듯(하루살이의 눈으로 보니까 내일이 없는 것이고),

메뚜기가 내년을 모르듯(딱 아는 그만큼 알다가 갑자기 죽습니다. 사후 준비도 없이 죽어라 일만 하다가)…

자매님! 하루살이가 내일을 모른다고 내일이 없나요? (저 너머에 좋은 세상 있는데…) 억울하지 않는가!!!

메뚜기가 내년을 모른다고 내년이 없나요? (다만 메뚜기의 눈으로 보니까 내년이 없는 것이죠. 이것이 한계입니다.)

내가 전혀 몰랐어도 엄마 뱃속에 있었듯이 - 태생

내가 죽은 다음에도 분명히 죽음 이후의 삶 - 영생이 있습니다.

쉽게 이렇게 생각해보면 좋을 것 같아요.

대·중·소 - 대가 있으면 중도 있고 소도 있듯이

상·중·하 - 상이 있으면 중도 있고 하도 있듯이

태생·일생·영생 - 태생이 있고 일생이 있고 영생도 있지 않을까요?

자매님! 우리 인생이 죽음으로 끝나는 것일까요?

(사람은 영적인 존재이기에 영혼의 세계가 있음을 알려주어야 한다.)

우리 인생은 죽음으로 끝나는 존재가 아닙니다. 죽음 이후의 세계가 있답니다.

자매님! 사람의 눈에 보이는 세상만 있는 것이 아니고, 사후에 영원한 세상도 분명히 존재한답니다.

잠을 자면 꿈을 꾸잖아요? 꿈을 꾸면 무서운 악몽도 있고, 기분 좋은 길몽(현몽)도 있지요.

이처럼 꿈의 세계도 있듯이, 영적인 세계인 악몽 같은 지옥도 있고, 현몽 같은 천국도 있답니다.

5. 이 세상은 흙 집, 저 세상은 영원한 집

1) 이 세상은 흙 집입니다.

이 세상의 흙 집은 사람의 육체를 의미합니다. 흙 집 안에 '나'라는 '영혼'이 삽니다. 문패가 있습니다. 이름은 문패입니다.

이 집이 OOO입니까? 이 집 안에 있는 사람이 OOO입니까?

집이 중요합니까? 집 안에 있는 사람이 중요합니까?

우리가 이 세상에서는 '흙 집'에 살고 있는 것입니다.

> 하물며 흙 집에 살며 티끌로 터를 삼고 하루살이 앞에서도
> 무너질 자이겠느냐. (욥기 4:19)

2) 흙 집을 사람으로 비유해 볼게요.

집에는 지붕이 있어요 - 머리

집에는 창문이 있어요 - 눈

집에는 환기구멍이 있어요 - 코

집에는 보일러가 있어요 - 배

집에는 부엌이 있어요 - 입

집에는 쓰레기통이 있어요 - 앞으로 나오는 건 국물, 뒤로 나오는 건 건더기

3) 이 흙 집은 유효기간이 있어요 - 100년.

만일 땅에 있는 우리의 장막 집이 무너지면 하나님께서 지으신 집 곧 손으로 지은 것이 아니요 하늘에 있는 영원한 집이 우리에게 있는 줄 아느니라. (고린도후서 5:1)

이 세상은 손으로 지은 흙 집인데 언젠가는 무너지잖아요.

아무리 튼튼하고, 예쁘고, 비싸고, 좋은 집이라도(아파트, 주택, 건물…) 무너지잖아요.

그와 같이 육체를 가진 우리도 몸을 잘 관리해도 언젠가는 죽잖아요.

4) 저 세상은 영원한 집이에요.

저 세상은 손으로 지은 집이 아닌 하나님이 지은 영원한 집이에요.

죽음이란 육체에서 내 영혼이 쏙~ 빠져나와 영원한 집으로 쏙~ 들어가는 거예요.

세상의 집이 아무리 좋아도 어젯밤의 꿈과 같은 천막집이에요.

5) 우리는 천국, 영원한 집으로 들어가야 합니다.

내 가죽이 벗김을 당한 뒤에도 내가 육체 밖에서 하나님을 보리라.
(욥기 19:26)

육체를 벗고 하나님 나라의 영원한 집에 들어가서 하나님을 보며 행복하게 살아요.

방법이 있어요. 하나님을 믿으면 영원한 집에서 행복하게 산답니다.

35년간 죽음을 촬영해 온 임종 사진작가 최광호의 말입니다.

임종 직전에 치매에 걸린 할머니 곁에서 사진 찍기 시작, 이승을 떠나는 영혼을 지켜보는 경험을 2번이나 했다며 엄청난 행운이라고 말하는 작가.

자신의 사진이야말로 살아감과 죽음의 결정체라고 단언하는 작가.

장례식장에서는 상복을 입은 채 카메라를 메고 염하는 모습을 찍었던 작가.

아버지의 죽음!

암으로 돌아가신 누나의 죽음!

술 드시고 세상을 한탄하며 돌아가신 삼촌의 죽음!

자기와 함께 물놀이하다 익사한 사랑하는 동생의 죽음!

장인·장모님의 죽음 앞에서 2번이나 영혼이 빠져나가는 것을 경험했다고 합니다.

마지막 죽음을 앞둔 사람들의 모습을 사진에 담았는데, 모든 사람의 공통점이 죽는 순간에 '어, 뭔가 빠져 나가는 느낌'을 받았다고 합니다. 죽기 전의 얼굴 모습과 죽은 후의 얼굴 모습이 다르다는 것입니다.

미국 의사들이 이런 실험을 했어요.

몸무게가 달려있는 침대를 10개 준비하고 정말 죽음이 임박한 환자를 침대에 뉘여 실시간으로 그 사람의 몸무게를 체크했습니다.

그런데 죽고 난 직후에 몸무게가 21g이 줄었다고 합니다.

그래서 똑같은 실험을 개(강아지)를 대상으로 해 보았습니다.

그런데 개(강아지)는 변함이 없이 똑같았다고 합니다.

> 인생의 혼은 위로 올라가고 짐승의 혼은 아래
> 곧 땅으로 내려가는 줄을 누가 알랴.
>
> (전도서 3:21)

미국의 의사들이 한쪽은 영혼이 있다고, 한쪽은 영혼이 없다고 팽팽하게 맞서는 가운데 실험을 했습니다.

어떤 여자 환자가 의학적으로 죽은 상태에서 수술을 했어요. 죽은 그 여자의 영혼이 빠져 나와서 수술 장면을 보았다고 이야기하는데, 의사에게 수술한 순서대로 말을 하더라는 것입니다.

그래서 미국·영국 의과대에서는 영혼이 있다는 것을 인정합니다. (영혼을 연구하는 과목만 100개 이상 개설)

이미 성경은 3,500년 전에 기록하고 있습니다.

> 내 가죽이 벗김을 당한 뒤에도 내가 육체 밖에서 하나님을 보리라.
> (욥기 19:26)

6. 라이터 전도법

선생님! 사람이 죽으면 '돌아가셨다'고 하잖아요. 왜 그렇게 표현할까요?

육체(몸)는 흙으로 만들어져서 죽으면 흙으로 돌아가기 때문에 '돌아가셨다'고 합니다.

또 사람이 죽으면 '소천했다'고도 하죠. 혹시 들어보셨나요? 사람의 영혼(혼백)은 하나님의 생기로 만들어져서 하늘로 올라가기 때문에 '소천'했다고 합니다. (소-부를 소, 천-하늘 천) 하늘에 불려 갔다는 뜻이지요.

영혼과 육체를 좀 더 실감나게 설명해 볼게요.

제가 라이터 불을 켜서 선생님 손에 잠깐 대었을 때 뜨거운 건 육체였나요? 영혼이었나요? (대부분 육체가 뜨겁다고 대답합니다.)

맞습니다. 손이 뜨거웠지요.

과거에는 사람이 죽으면 땅속에 장사 지냈는데, 요즘은 대부분 화장을 합니다.

시신을 화장할 때 육체(몸)가 뜨거우면 "아 뜨거워!" 하고 불 속에서 나와야 하는데 안 나오잖아요.

이것은 몸 안에 영혼이 있는데 육체가 뜨겁다고 반응하는 것이지 사실은 영혼이 뜨거운 것입니다.

영혼이 떠나면 육체는 껍데기라 아무 소리도, 느낄 수도 없습니다.

스피커 예화

마이크를 잡고 연설할 때 소리가 스피커에서 나오지만 실제로 말하는 건 사람이잖아요.

육체는 스피커, 영혼은 실제 목소리입니다. 영혼이 떠나면 육체는 아무 표현을 못합니다.

지옥을 생동감 있게 설명하기 위해 이렇게 합니다.

"잠시 손을 내밀어 보시겠어요?"(검지를 내어 보인 다음 손가락을 내밀면 라이터 불을 댑니다.)

"아이! 뜨거워!" "뜨겁지요?"

죄송하지만 만약 000님의 손을 1시간 정도 라이터 불에 대고 있을 수 있을까요? (없겠지요)

몇 초만 되어도 손을 빼게 되죠. 이 라이터 불은 불 중에서도 약한 불입니다.

지옥은 이것보다 수천, 수만 배 뜨거운 곳인데 견딜 수 있을까요?

영원히 꺼지지 않는 유황 불못에서 영원한 고통을 당하는 곳이 지옥입니다. 절대 가면 안됩니다.

　　천국 - 요한계시록 21:4

　　　　(눈물, 사망, 애통, 곡하는 것, 아픈 것이 없는 곳)

　　지옥 - 마가복음 9:48-49

　　　　(구더기도 죽지 않고, 불도 꺼지지 않고, 사람이 불로써 소금 치듯 함을 받는 곳)

제가 하나님의 말씀을 통해 하늘나라와 지옥을 설명해 드렸는데 000님께서는 지금 마음에 하늘나라에 가고 싶습니까? 지옥에 가고 싶습니까?

네, 당연히 하늘나라, 천국 가셔야죠.

천국 가실 수 있도록 안내해 드리겠습니다. (영접기도)

7. 천국 가는 약도

환하게 웃으면서 밝은 표정으로

"안녕하세요? 기쁜 소식 전해주고 싶어서 왔습니다. 건강에 좋은 선물 드리려고 방문했습니다."

선생님! 혹시 천국 가는 약도를 들어 보신 적이 있으신가요?

사람이 다니는 길 - 인도

자동차가 다니는 길 - 차도

배가 다니는 길 - 뱃길

비행기가 다니는 길 - 항로

이 땅에도 이처럼 많은 길이 있고 복잡한데 네비게이션이 있으면 쉽게 목적지까지 갈 수 있잖아요.

약도가 있으면 찾아갈 수 있듯이 언젠가 우리는 죽게 되는데 죽은 다음에 가는 천국도 길이 있다고 하네요.

천국 가는 길을 잠깐 안내해 드려도 되겠는지요?

(바쁘다고 하면 꼭 7번 읽어보시라고 하고 드리고, 시간 있는 분들은 설명해 드리면서 영접시키시면 됩니다.)

8. 순간의 선택이 영원을 결정합니다

선생님! 사람은 누구를 만나느냐에 따라 인생이 결정되는 것 같습니다.

어떤 나라에 태어나느냐에 따라 - 조국이 결정됩니다.

만약 선택권이 주어진다면 분단의 아픔이 있는 한국에 태어나지 않았을 겁니다. 미국이나 호주, 싱가포르 또는 뉴질랜드에 태어났을 겁니다. 그래도 소말리아나 북한에 태어나지 않았다는 것만도 감사할 일이죠.

나라도 내 마음대로 선택하는 것이 아니고 운명입니다.

어떤 부모를 만나느냐에 따라 - 가정이 결정됩니다.

만약 부모를 선택할 수 있다면 부모님께 죄송하지만 대통령이 우리 아빠였으면 좋겠고, 영부인이 우리 엄마였으면 좋겠어요. 그런데 부모도 내가 선택할 수 없잖아요.

어떤 배우자를 만나느냐에 따라 - 행복이 결정됩니다.

선생님! 나라나 조국은 내가 선택할 수 없고 운명으로 받아들이지만, 배우자는 내가 선택할 수 있잖아요.

어때요? 지금 함께 사시는 아내(남편) 잘 만나신 것 같으세요? 행복하세요?

어떤 신을 만나느냐에 따라 - 영혼이 결정됩니다.

종교도 내가 선택하고 결정할 수 있습니다.

"한 번 선택이 10년을 좌우한다"(냉장고·전자 제품…)

"한 번 선택이 평생을 좌우한다"(결혼·종교…)

선생님 종교도 자유니까 내가 선택하는 것이기에 진짜로 선택을 잘해야 합니다.

아까 초두에 말씀드렸잖아요. 누구를 만나느냐에 따라 인생이 결정된다고.

한국전쟁이 끝날 무렵 1953년 남쪽 포로수용소에서 "남쪽에 남을 사람 손을 드세요!" 했을 때 손을 든 사람들은 남한에서 자유를 누리고 살고 있다고 합니다.

이처럼 한 번의 선택이 얼마나 중요한가를 보여주고 있습니다.

선생님! 물어볼게요. 죄에서 자유를 얻고 행복한 삶을 살기 원하시죠? 하나님 만나면 해결됩니다.

하나님을 만난 인생과 만나지 못한 인생은 출발부터 다릅니다.

온 우주 만물을 창조하신 하나님을 꼭 만나셔서 이 땅에서도 인생이 행복하고, 언젠가 세상을 떠나는 날 선생님의 영혼이 천국에서 영원히 살 수 있기를 기도할게요.

(마음이 열려 있으면 하나님 만나도록 영접기도 한다.)

오늘 선생님을 만나 뵙게 되어 영광이고 기분이 너무 좋았습니다.

9. 인생에서 정말 중요한 문제는 죽음의 문제

천국에서 영원히 사느냐? 지옥에서 영원히 사느냐?

이 세상에 태어난 모든 사람은 다 죽습니다.

병들어 죽든(사고로 죽든), 젊어서 죽든(늙어서 죽든), 미인도 죽고(추녀도 죽고), 성자도 죽고(악인도 죽고) 신처럼 군림했던 김일성도 죽고, 돈을 엄청 벌었던 이병철과 정주영도 죽었고, 석가·공자·소크라테스도 다 죽었습니다.

인생 최대의 문제는 생과 사(삶과 죽음)의 문제입니다.

위암 말기 임종 환자들의 죽음을 본 충격적인 사실은 임종할 때 신장(콩팥)의 기능이 제일 먼저 멈추기 때문에 소변이 정상적으로 배출되지 않아 몸이 풍선처럼 부어 올라 나중에는 몸 곳곳에서 소변이 빠져 나오고 냄새도 지독하고 육체의 모습도 흉측해지고 눈은 실핏줄이 터져서 피눈물이 나오고 통증이 너무 심하니까 진통제인 몰핀을 맞는데 신경이 마비되기 때문에 말도 어눌하고 소리도 듣지 못하고 죽음의 공포가 너무 무섭고 끔찍하여 눈도 감지 못하고 부릅뜨고 임종하는 것을 목격했다고 합니다.

암으로 죽어가는 사람들을 보면서 사람이 죽을 때 우리 눈에는 보이지 않지만 반드시 누군가 온다는 것을 직감했다고 합니다. 데려가는 대상이 얼마나 두려운지 벌벌 떨면서 소리를 지릅니다.

너무나 무섭다고, 나 이대로 죽기 싫다고, 미친 듯이 발버둥을 치면서 죽어가는 암 환자들을 보면서 자기 남편도 위암이라 죽음의 공포가 그대로 부부에게 임했다고 하는 불교신자였던 이지은 씨의 고백입니다.

얼마나 무섭고, 두렵고, 끔찍한지!

평상시에 전혀 느끼지 못했던 것을 암 병동에서 죽어가는 사람들의 모습을 보면서 인생 최고의 문제는 돈 문제도, 명예 문제도 아니고 죽음의 문제임을 깨닫게 되었다고 합니다.

돈은 없으면 벌면 됩니다.

많이 벌든 적게 벌든 명예도 내가 원하면 노력해서 얻을 수도 있고 돈으로 살 수도 있습니다.

그러나 죽음의 문제는 그 무엇으로도 해결할 수가 없습니다.

죽음의 공포 앞에 벌벌 떨고 있는 이 부부에게 한 언니가 찾아와서 전한 복음은 너무나 간단했습니다.

"전능자 하나님이 이 세상에 사람으로 오셨고, 그분의 이름은 예수님이시고, 그분이 우리의 죄 때문에 십자가에 죽으시고 부활하셨다."

죽음 앞에 공황상태로 있었는데 '부활'이라니!

그럼 죽음이 끝이 아니라는 거잖아!

그럼 예수님이 하나님이네!

이분이 부활했다면 하나님이 맞다고!

부활로 예수님이 하나님으로 확증되는 순간!

내가 이분을 믿지 않았구나!

4대 성인 중 한 사람으로 알았는데 내가 이분을 믿지 않고 내 인생의 주인 되어 살았구나!

사람은 무슨 일이 생기면 너 때문이냐 환경 때문이냐 원망했는데 그것이 아니라 내가 하나님을 내 인생에서 거부하고 배척하고 내 마음대로 살았더니 결과가 이 모양이네!

이것이 그냥 한순간에 알아졌다고 불교신자였던 이지은 씨는 고백합니다.

예수 믿지 않은 죄 - 죄에 대하여라 함은 그들이 나를 믿지 아니함이요. (요한복음 16:9)

그렇게 죽음 앞에서 벌벌 떨던 사람이 부활의 복음을 듣는 순간 죽음의 공포가 마음에서 한순간에 사라지고 마음에 평강이 임하는 것을 체험했다고 합니다.

부활이 죽음의 공포를 한순간에 삼켜버렸습니다. (고린도전서 15:54-58)

"내가 오늘 죽는데 돈이 나에게 무슨 소용이 있나요? 명예가 아무리 높으면 뭐합니까?"

세상에 어떤 것으로도 절대 해결할 수 없습니다.

선생님! 죽음에는 장사가 없습니다. 피할 재주가 없다는 말입니다.

죽음의 시간표는 오늘도 쉬지 않고 멈추지 않고 선생님과 저에게 돌진해 오고 있습니다. 인정하시죠?

죽음의 문제를 해결하지 않으면 큰일 납니다.

인생이란? 죄와 고통의 바다에 빠져 허우적거리다가 지옥 밑바닥으로 가라앉는 것입니다.

전능자 하나님께서 사람으로 오셔서 십자가에서 죽으시고 부활로 인생의 가장 큰 문제를 해결해 주셨습니다.

예수님이 부활하셔서 사망의 권세를 깨뜨리셨고, 승천하셔서 하늘 보좌 우편에 살아 계시고, 하늘과 땅의 모든 권세를 가지고 만왕의 왕, 만유의 주인으로 오신 이분을 마음에 받아들이시면 하나님의 자녀가 됩니다.

죽음의 문제를 해결 받았다는 것은 인생의 모든 문제를 해결 받은 것입니다.

오늘 해결 받으시죠, 선생님!

10. 안 믿어도 보고, 믿어도 보고

북한 사람들은 태어날 때부터 세뇌와 통제를 받고 살아갑니다.

만약 북한 주민들이 민주주의 국가에서 자유를 누리며 살아보았다면 어디를 선택할까요?

두말할 필요 없이 민주주의 국가를 선택하겠죠. 공산주의와 민주주의는 엄청난 차이가 있습니다.

그렇다면 믿는 것과 안 믿는 것의 차이를 생각해 보셨는지요?

저는 안 믿어 보기도 하고 믿어도 보았습니다.

하나님은 눈에 안 보이기 때문에 내 주먹을 믿고 살았습니다.

고등학교 1학년 때 친구의 권유로 교회를 나가서 믿어 보았습니다.

놀라운 사실은 믿어 보니 너무 좋고 행복했습니다.

그런데 왜! 사람들은 안 믿기만 할까요?

양쪽을 다 경험해 보고 판단해도, 선택해도 괜찮은데 말이죠.

안 믿어도 보고, 믿어도 보고 두 가지 경험을 다 해보고 선택하면 되는데 왜 한쪽으로만 쭉 인생을 사시는지 묻고 싶어서 그래요.

저는 안 믿어도 보고, 믿어도 보고 양쪽을 다 경험했는데 믿어보니 너무너무 좋아서 행복해서 목사까지 되었답니다.

안 믿고 사셨으니까 한 번 믿어도 보시라고, 그리고 선택하면 되는 거니까요.

한 번의 선택이 평생(영원)을 좌우한답니다.

11. 인생의 정답서(해답서), 성경의 핵심(요한복음 3:16)

저는 성경을 통하여 인간이 풀 수 없는 난제에 대한 답을 찾았습니다. 최고의 희소식이고, 놀라운 발견이었습니다. 확실한 정답을 말씀드리려고 합니다.

요한복음 3장 16절을 보면 인생은 누구나 멸망을 향해서 걸어가고 있다는 것입니다.

"멸망치 않고" 이것은 경고입니다.

너희는 다 멸망을 향해서 가고 있다. 그대로 가만 있으면 망한다. 멸망을 피할 길이 있다.

"아! 사람은 멸망을 향해 가는 존재구나!"

그럼에도 이 경고를 무시(무관심)합니다.

사람들은 절대 하면 안 되는 몇 가지 치명적인 착각을 가지고 살아가고 있습니다.

어느 여자 학교에서 '나르시즘'이라는 단어를 설명하는데 한 청년이 숲속을 헤매다 은빛 빛나는 호수를 발견하고 호수에 비친 얼굴을 사랑하다 병에 걸립니다. 한국말로 표현하면 자기애, 자신을 사랑하는 병이란 뜻인데 갑자기 한 여학생이 손을 들어 "선생님! 제가 요즘 그 병에 걸린 것 같아요. 아침마다 거울을 보면 너무 이뻐서 견딜 수가 없어요." 선생님 왈 "그것은 자애병이 아니고 착각이란 병이란다.^^"

이런 착각은 얼마든지 괜찮아요. 내가 이쁘다, 내가 최고다, 내가 제일 잘한다.

그래서 이런 유머도 생겨난 것 같습니다.

이 세상에 멋있는 사람을 한 글자로 - 나

두 글자로 - 또 나

세 글자로 - 역시 나

네 글자로 - 그래도 나

다섯 글자로 - 아무래도 나

그런데 절대 하면 안 되는 치명적인 착각을 3가지나 하고 있습니다.

첫 번째, '이 세상이 전부다'라는 착각입니다.

하나님은 세상을 창조하신 분이에요. 그분은 세상이 전부가 아니래요.

하나님은 인생을 이렇게 말씀하셨어요.

모든 육체는 풀이요 그 모든 아름다움은 들의 꽃과 같으니.
(이사야 40:6)

풀의 숙명은 마르는 거예요. 꽃의 숙명은 시드는 거예요.

일본의 최장수 인물인 다나베(112살)에게 기자들이 물었답니다. "언제까지 살고 싶냐고?"

그랬더니 대답이 "끝없이 살고 싶습니다."

인생은 나그네입니다. 세상은 여관이지 세상은 내 집이 아니에요.

사람들은 이 세상이 전부라고 생각하고 집착하고 영원히 살 것처럼 살아갑니다.

두 번째, '나는 하나님께 벌 받을 죄가 없다'는 착각입니다.

나는 그래도 선하게, 착하게 살았다고 생각합니다.

"당신 죄인이야" 그러면 그 말을 불쾌하게 생각합니다.

아무리 불쾌해도 도망칠 수 없는 이유, 결정적 증거는 모든 사람은 예외 없이 죽는다는 것입니다.

안 죽는 사람 있어요? 다 죽습니다.

너는 흙이니 흙으로 돌아갈 것이니라. (창세기 3:19)

세 번째, '죽으면 그만이다, 죽으면 끝이다'라는 착각입니다.
그런데 사람을 만드신 하나님은 그렇게 말씀하지 않으셨습니다.
인생은 무덤에 들어간 다음에 두 길이 있습니다.
하나는 멸망의 길, 또 하나는 영생의 길이 있습니다.
아무것도 없는 것이 아니라 있다는 거예요! 있다는 거예요! 있다는 거예요! (3번 반복)
멸망의 문과 영생의 문이 있다는 거예요.
멸망은 없어진다는 말이 아니에요. 사라진다는 말이 아닙니다.
멸망은 영원히 죄값을 치른다는 말입니다.
하나님의 진노를 받는다는 말이 되고, 저주를 받는다는 말이 되고, 어떤 성경은 지옥이란 단어로 표시하고 있습니다. 무시무시한 단어입니다.
죽으면 그만이 아니에요. 그 다음에 길이 있습니다.

이러한 3가지 착각을 가지고 살아가고 있으니 얼마나 절망적인 존재입니까?

언제 죽을지 모르고 살아가는 이 비참한 문제 앞에 우리는 생각해 봐야 합니다.

우리는 이렇게 멍청하고 문제의식을 못 느끼고 절망이 절망인지도 모르고, 멸망이 멸망인지도 모르고, 심판이 심판인지도 모르고 살고 있는데, 우리의 이런 모습을 보시고 견디지 못한 분이 한 분 계십니다.

우리를 너무 불쌍하게 보시고 너무 사랑하셔서 이대로 가만히 내버려둘 수 없다고 발버둥 치시는 한 분이 계십니다.

어떻게 하든지 멸망의 길을 벗어나서 영생의 길로 들어가게 하려고 스스로 팔을 걷어붙이고 자신을 던진 분이 계십니다.

그분이 누군지 아세요? 하나님이십니다.

창조주이십니다. 거룩한 분이십니다. 처음이요 나중이신 분이십니다. 영원토록 존재하는 유일한 신이십니다.

하나님이 우리를 너무너무 사랑하셔서 멸망하도록 그대로 방치할 수가 없어서 대안을 찾았습니다.

그 대안이 '독생자를 주셨으니' 이는 굉장한 사건입니다.

우리 인간은 아무리 씻고 씻어도 우리의 죄를 씻을 수가 없습니다.

그 아들 예수님은 죄 없는 분이기에 인류의 죄 값을 감당할 수 있는 자격이 있는 분이십니다. 십자가는 내 죄 값을 치르는 형틀입니다.

하나님은 자기의 사랑을 이렇게 표현하셨습니다.

"내가 너를 어느 정도 사랑하는지 아느냐?
내 아들을 희생시킬 정도로 그렇게 너를 사랑한다."

그 방법만이 우리를 살릴 수 있는 길이라고 말씀하셨습니다.
우리가 그러면 어떻게 해야 예수님과 관계를 맺을 수 있습니까?
그 분의 손을 잡을 수 있나요? 정답을 주셨습니다.
'그를 믿는 자마다' 믿으라는 것입니다. 그렇게 우리에게 정답을 주셨습니다.

우리는 이 세상을 열심히 살아야겠지요.
열심히 돈도 벌고, 열심히 공부도 하고, 열심히 해서 성공도 하고.
그러나 멸망의 길을 가면서 세상에서 잘 되고 출세하는 것은 아무런 의미가 없습니다.
멸망의 길을 피하고 용서의 길을 갈 수 있는 정답을 찾아놓고 성공하든지 돈을 벌든지 해야 합니다.
정답을 들었습니다. 이제 선생님이 반응하시기 바랍니다.

12. 가수 송대관의 '차표 한 장'과 진리 이야기

왠 트롯트? 뽕짝이냐고 말할지 모르겠지만 가사의 내용이 우리들 마음에 쉽게 와닿아요.

노랫말이 참 좋습니다.^^

어차피 인생은 '표' 한 장 가지고 살다가 예정된 시간표대로 이 '표'에 따라서 각자의 길을 떠나야 합니다.

차표는 무엇일까요? 우리의 미래 아닙니까!

예정된 시간표대로 떠나야 합니다.

사람은 누구나 죽습니다. 그래서 '인명은 재천'이라고 합니다.

인생 열차는 승객의 마음까지 배려하지 않습니다.

자기에게 주어진 시간표에 따라 떠나야 합니다.

인생 열차에 몸을 실었으니 예정대로 가야 합니다.

영혼은 상행선 몸은 하행선~ 너는 지옥행 나는 천국행~

사랑했지만 갈 길이 다릅니다! 이별의 시간표대로 떠나야 합니다!

죽음이, 이별이, 심판이 나를 울리지 않도록 당신도 천국행, 나도 천국행 인생 행복 열차에 몸을 싣고 함께 갑시다!

차표 한 장 – 천국 티켓

(1절)

차표 한 장 손에 들고 떠나야 하네

예정된 시간표대로 떠나야 하네

너는 지옥행 나는 천국행

열차에 몸을 실었다

사랑했지만 갈 길이 달랐다

이별의 시간표대로 떠나야 했다

달리는 창가에 비가 내리네

괴로움이 가슴을 때리네

너는 지옥행 나는 천국행

추억이 나를 울리네

(2절)

차표 한 장 손에 들고 떠나야 해요

천국의 시간표대로 떠나야 해요

너도 천국행 나도 천국행

열차에 몸을 실었다

사랑했기에 갈 길이 같았다

부름의 시간표대로 떠나야 해요

달리는 창가에 햇빛 비추네

행복이 기쁨이 벅차네

너도 천국행 나도 천국행

주님이 우릴 반겨요

13. 무속인(무당)을 어떻게 전도할 것인가?

굿, 점사, 퇴마, 병도 고치고, 제자도 키워나가는 그런 일을 했던 집안 전체가 무속 집안이었던 무속인 심선미 씨는 본인이 먼저 신내림을 받고 26년간 무속 생활을 했다고 합니다.

그의 고백을 들어보면 26년간 끔찍했고, 힘들어서 도망도 다녀 보았다고 합니다.

무속 생활하기 싫어서 도망쳐 보지만 그럴 때마다 어김없이 '신벌'이 내려 몸에 지기도 했다고 합니다.

너무 힘들어서 혼자 바위에서 기도하고 있는데 신기한 체험을 했다고 합니다.

"기도를 마치고 일어서는 순간에 바위에서 큰 십자가가 광채를 내면서 저를 바라보고 있었는데 그때 다리에 힘이 풀리면서 정말 아무 생각이 안 났습니다. 이게 뭐지? 너무 놀랐습니다."

집에서 혼자 고민하다가 무의식중에 TV를 틀었습니다. 아무 생각 없이 채널을 돌리다가 CTS '콜링 갓'이라는 프로그램이 나왔는데, 거기로 전화를 누르기 시작했습니다. 잘 안 되다가 마지막에 통화 시도를 했을 때 브라이언 박 목사님과 연결이 된 것입니다.

갑자기 목사님이 말하는 대로 따라 하라고 해서 그대로 따라 했는데, 갑자기 뭔가 몸 안에서 끓어오르면서 눈물이 그렇게 나는 것입니다. 그러면서 제 인생은 거기서부터 시작이 된 거예요. 주님을 만난 게 그때부터 시작이 됐어요.

목사님의 영접기도를 따라함으로써, 26년의 무속 생활에서 벗어나 모든 죄를 용서받고 하나님의 자녀로 다시 태어난 심선미 성도는 주님을 알게 되고 지금은 너무 행복하다고 고백하고 있습니다.

그 무속 세계에 있었을 때는 정말 너무나도 칙칙하고 어두웠다며 지금은 거룩해진다는 느낌, 아름다워진다는 느낌을 받았다는 것입니다. 제2영도교회를 출석하면서 신앙생활을 잘하고 있고 무속인 제자 2명도 예수님을 영접하고 함께 교회를 다닌다고 합니다.

할렐루야!

무속인들에게, 또한 귀신이 없다고 부정하는 사람들에게 어떻게 영적인 세계가 있음을 증명하면 좋을까요?

이렇게 시작해 보면 어떨까요!

"혹시 귀신을 본 적이 있으세요?" (아니요)

"귀신이 있다고 생각하세요?" (모르죠)

"그러면 무당을 본 적 있어요?" (네)

정상적인 사람이, 멀쩡하던 사람이 갑자기 신 내림을 받게 되면 굿도 하고, 점도 치고, 작두도 타고 하는데요.

작두 타는 것 보셨죠? (네)

무당들이 대부분 몸집이 있는데 작두날에 올라가도 발바닥이 베어지지 않더라고요. 신기하더라고요.

그것은 귀신이 그 몸 안에 들어가서 잡고 있기 때문에 그런 거예요.

많은 사람들에게 작두날에 올라가 보라고 하면 절대 무서워서 못 올라가죠.

맨 정신으로 올라가겠어요.

그것이 바로 귀신이 있다는 증거예요.

더 놀라운 사실은 무당들은 절대 자기 딸이 무당 되는 것 원하지 않아요.

심선미 씨는 너무 힘들고 지쳐서 도망치고 싶었다고 말합니다.

말 못할 고통이 무당들에게 있다는 것입니다.

그런데 목사님들은 자기 아들이 목사 된다고 하면 대환영하고 축복해 줍니다.

왜 그런지 아세요? 진짜이기 때문에, 행복하기에, 진리와 생명의 길을 가는 것이기 때문에 그런 것입니다.

가짜에 속으면 안됩니다. 귀신에, 마귀에, 사탄에 속으면 안됩니다.

심선미 성도처럼 진짜 구원자이신 예수님을 만나면 됩니다.

할렐루야!

> 죄를 짓는 자는 마귀에게 속하나니 마귀는 처음부터 범죄함이라.
> 하나님의 아들이 나타나신 것은 마귀의 일을 멸하려 하심이라.
> (요한1서 3:8)

14. 유황 불못 지옥 전도법

가장 시급한 문제입니다! 가장 절실한 문제입니다!

이 문제부터 먼저 해결하시고 돈도 많이 버시고, 건강하시기를 바랍니다.

왜냐하면 언제 죽음이 찾아올지 모르기 때문입니다.

지옥에 던지우는 것보다 나으니라 거기는 구더기도 죽지 않고
불도 꺼지지 아니하느니라 사람마다 불로서 소금 치듯 함을 받으리라.

(마가복음 9:47-49)

성경을 읽어보니 상상만 해도 고통스럽네요!

그런데 진짜 지옥에 간다면 끔찍하지 않을까요!

"사람마다 불로써 소금 치듯 함을 받으리라"는 말씀은 매우 고통스러움을 표현한 말씀입니다.

너무 끔찍하지 않습니까?

지옥을 생생하게 전했는데 지옥 가고 싶으세요?

OOO님 절대 지옥 가시면 안 되겠죠?

OOO님이 이 세상에 살면서 많이 가지고, 많이 배웠어도 이다음에 죽어서 그 몸과 영혼이 지옥에 간다면 가장 불행한 사람이 되는 것입니다.

노후 대책도 중요하지만 더더더 중요한 것은 사후 대책입니다!

15. 사람은 흙으로 만들었어요

태초에 하나님이 천지를 창조하시니라. (창세기 1:1)

이 한마디 말씀만 믿어진다면 성경이 다 믿어지겠지요.

첫 번째 단추만 끼워지면 나머지 단추들은 나란히 끼워집니다.

어떤 과학자가 성경을 연구하더니 성경은 반 과학이 아니고 초과학이고, 반 자연이 아니라 초자연이라고 결론을 내렸습니다.

한 과학자가 하나님을 믿을 수밖에 없는 7가지 이유:

1. 지구는 1600km의 속도로 자전하고 있다. 만약 16000km로 돌면 2시간마다 밤낮이 바뀐다. 만약 160km로 돌면 10일마다 밤낮이 바뀐다.
2. 지구와 태양이 알맞은 거리를 유지하고 있다. 조금만 멀면 얼어 죽고 조금만 가까우면 타 죽는다.
3. 지구는 약 23도로 기울어져 있다. 사계절 봄·여름·가을·겨울이 있으니 감사하다.
4. 대기권은 알맞은 두께로 유지되고 있다. 공기의 두께가 사람 살기에 아주 좋다.
5. 동물들이 누구에게도 배우지 않은 지혜를 갖고 있다. 아기가 엄마 젖을 빠는 모습, 연어는 죽을 때 태어난 곳으로 간다.

6. 동물들의 억제 관계가 알맞게 이루어져 있다. 정글에 두더지는 흙을 파면서 산소를 공급하는데 많이 파면 나무가 쓰러져 정글이 없어지기 때문에 독거미가 적당히 잡아먹는다.
7. 모든 동식물들의 성장제한이 적절하게 이루어지고 있다. 머리카락은 1달에 한 번 자르도록 자라는데, 눈썹이 그렇게 자라면 힘들다.

하나님의 섭리는, 자연의 섭리는 정말 신비합니다.

16. 천국과 지옥은 확실히 있습니다

사람들은 "무슨 지옥이 있냐고! 그런 거 없다고!" 말합니다. 이유는 2가지를 주장합니다.

첫째, 사랑의 하나님이신데 절대 영원한 벌을 주시지 않는다고 말합니다.
그러나 하나님은 지팡이와 막대기를 같이 가지고 계신 분입니다.
　지팡이 - 사랑
　막대기 - 공의

둘째, 지옥은 불가능하다.
왜냐하면 뜨거운 불이 계속해서 탈 수 없고, 타다가 꺼져 버린다고 말합니다. 그러나 한 번 생각해 보세요. 수천 년 전부터 지금까지 태양열이 식은 거 보셨나요? 갈수록 점점 더 뜨거워지고 있습니다.

 요한 웨슬리는 말하기를 "네 손가락을 불에 대고 있어 보라. 어떤가? 참기 어려울 것이다. 그런데 온몸을 불 속에 넣는다면 얼마나 고통스러울 것인가!"

 무디는 말하기를 "만일 지옥이 없다면 성경을 불태워 버려야 한다. 만일 지옥이 없다면 교회를 전부 불태워 버려야 한다."

 무신론자 볼테르는 "내가 50년 안에 기독교를 없애버리겠다"라고 했습니다. 그는 죽을 때 "나는 지옥 간다. 차라리 태어나지 않았으면 좋았을 것"이라는 말을 남기고 죽습니다.

 성경은 지옥을 이렇게 설명하고 있습니다.

영원한 불에 들어가라. (마태복음 25:41)
세세토록 밤낮 괴로움을 받으리라. (요한계시록 20:10)
불도 꺼지지 아니하느니라. (마가복음 9:48)

힘든 군대에 들어가도 - 제대가 있습니다.
잘못된 결혼을 했으면 - 이혼이라도 할 수 있습니다.
공부하기 싫은 학교라도 - 졸업이 있습니다.
그러나 지옥은 한 번 들어가면 영원히, 영원히, 영원히 나올 수 없습니다.

절대! 절대! 절대! 지옥은 가시면 안됩니다!!!

17. 현대인의 필수품인 핸드폰

현대인의 필수품인 핸드폰은 생명이 없습니다.

의사에게 생명이 어디 있느냐고 물어보면 "세포"라고 답하겠지요. 세포도 생명이 있지요. 그런데 '나'라는 생명은 어디에 있나요?

37조 개의 세포가 따로 있다면 '나'라는 생명은 없습니다. 37조 개의 세포가 완전체로 움직여야 되는데, 그 생명이 '피'에서 온다는 것입니다. 한 사람의 혈관을 이으면 10만km인데 지구를 2바퀴 반을 감습니다.

육체의 생명이 '피'에 있다고 창조자가 BC3500년경에 말했습니다. 지금 과학자도 설명 못하는 것을 성경은 답하고 있습니다. 모든 인간은 '한 피'로 만들었다고 성경은 선포하고 있습니다.

한국 여성하고 미국 남성하고 외모나 인종이 달라도 혈액형이 같으면 피를 주고받을 수 있습니다. (놀랍습니다)

진화론을 믿는 분들에게 질문을 드려볼까요?

침팬지 피를 사람에게 주입하면 어떻게 되나요? 죽습니다.

사람과 제일 비슷한 피인 돼지 피를 사람에게 주입하면 죽습니다.

18. 요한복음 1장 12절로 전도

하나님의 자녀가 되는 권세, 영접하는 자 곧 그 이름을 믿는 자들에게는 하나님의 자녀가 되는 권세를 주셨으니. (요한복음 1:12)

'자녀의 권세'가 무엇일까요?

세상에 제일 큰 권세 중의 권세가 자녀의 권세입니다. 자녀의 권세는 아버지의 것이 자신의 것이 되는 권세입니다.

자녀들이 친구들에게 하는 말 "우리 집에 갈래?"

우리말로 '우리 집'이라는 말은 자기 집이라는 말입니다. 단돈 10원도 집에 보탠 일이 없으면서도 당당하게 아버지 집을 자기 집이라고 부릅니다.

코미디언 이휘재라는 분이 있습니다.

어느 날 친구들이 전화를 하였는데 아버님이 받으셨답니다.

친구들이 "거기 휘재네 집이지요?"라고 물었더니 그 아버님이 이렇게 대답하셨답니다.

"아니다. 내 집이다."

그 아버님이 참으로 위트가 있는 분 같습니다.

청와대 예화

청와대는 대통령과 그 가족들이 살고 있는데 대통령과 그 가족들을 보호하기 위해서 무장한 경호원들이 지키고 있습니다.

OOO님은 청와대에 들어갈 수 있습니까? 없습니까? (없습니다.)

대통령의 자녀들은 들어갈 수 있습니까? 없습니까? (있습니다.)

왜냐하면 '자녀'이기 때문에 들어갈 수 있습니다.

만약에 OOO님이 대통령의 자녀라면 청와대에 들어갈 수 있습니까? (있습니다.) 들어갈 수 있지요.

하늘나라도 마찬가지입니다.

예수님을 마음속에 영접하면 하나님의 자녀가 되기 때문에 천국에 갈 수 있는 것입니다.

이 엄청난 축복을 받아 누리시기 바랍니다.

15

거리의 성녀 방애인을 아시나요?

1. 출생과 성장

1909년 황해도 황주읍 벽성리에서 방중일(方中日)의 장녀로 출생하였습니다. 조부 방흥복(方興福)은 인근에 자선가로 알려져 있었으며, 부모가 모두 기독교인이었기에 어려서부터 황주읍교회에 출석하였고 교회 부속 양성학교에서 신교육을 받았습니다.

1926년 호수돈여자고등보통학교를 졸업하고, 서울 이화여자전문학교에 진학하기를 원했으나 가족의 반대로 꿈을 이루지 못하고, 같은 해 4월 전주 기전여학교 교사로 부임해서 학생들을 가르치기 시작했습니다. 그러나 교사로서 3년간 사역한 후 정신적 공허감과 신앙적 갈증을 느껴 전주를 떠나게 됩니다.

고향 황주읍으로 돌아온 방애인은 모교인 양성학교 교사로 봉사하면서 개인적으로 성경공부와 기도생활, 부흥회에 참석하며 신앙적 탐구에 몰두하던 중 1930년 1월 10일 '신의 음성'을 듣는 종교체험을 하였다고 합니다.

"나는 처음으로 신의 음성을 듣는다. 눈과 같이 깨끗하라! 아아 참 나의 기쁜 거룩한 생일이다." (1930년 1월 10일)

"나는 어디에선가 손뼉 치는 소리로 세 번 부르는 음성을 듣고 혼자 신성회에 갔다. 아아 기쁨에 넘치는 걸음이다." (1930년 1월 11일)

이를 계기로 방애인은 철저한 신앙인이 되었고, 교사로서 사역에 대한 소명감도 투철해졌으므로 전주 기전여학교의 요청으로 1931년 9월에 전주로 내려갑니다.

2. 전도 활동과 봉사

전주로 돌아온 방애인은 기전여학교 학생들로 기전신성회(紀全信聖會)를 조직해서 철저한 신앙생활을 하도록 지도하였고, 방과 후에 기전여학교 교사와 학생들로 전도대를 조직해서 전주 시내로 나가 전도활동을 펼쳤습니다.

그리고 전도 중 거리에서 만난 고아와 걸인, 환자들을 돌보기 시작했습니다. 전주 시민들은 그가 어린 고아를 업고 숙소로 가거나 다리 밑에서 한센병 환자(나환자)의 손을 붙잡고 '눈물 흘리며' 기도하는 모습을 종종 목격했다고 하며, 그에게 '거리의 성자'라는 별명을 붙여주었습니다.

여름엔 수재가 발생해 이재민들이 다가공원에 몰려들었을 때, 오직 아는 사람 하나 없는 한 가족만이 그곳을 떠나지 못한 채 추위에 떨고 있었습니다. 이를 보고 방애인은 자신의 필수품인 시계와 만년필을 팔아 셋방을 얻어주었습니다.

어느 날, 길가에서 사람들이 정신병자인 한 노파를 에워싼 채 놀리고 있었습니다. 놀림을 받는 노파는 슬퍼하며 울부짖고 있었습니다. 이때 어여쁜 한 처녀가 눈물을 글썽인 채 그 노파의 곁으로 다가섰습니다. 노파를 희롱하는 데 정신이 팔려 있던 구경꾼들도 처녀가 마치 어머니인 듯 노파의 손을 잡고 데려가는 모습을 보곤 감격의 눈물에 젖었습니다. 노파 앞에 나타난 천사는 방애인(1909~1933)이었습니다.

3. 삶의 태도와 청빈

처녀 선생으로서 전혀 화장품을 사용하지 않았습니다. 향수는 물론 크림조차 얼굴에 바르지 않았습니다. 옷도 한 벌뿐이었습니다. 값진 옷감이나 멋있는 옷은 상상도 하지 않았습니다.

오직 기도, 오직 성경, 오직 전도, 오직 예수의 사람으로 변해 있었습니다. 병든 자의 친구가 되었습니다. 슬픈 자에게 다가가 위로자가 되었습니다. 거지들의 친구가 되었습니다. 싸우는 자에게 다가가 화평을 주는 자가 되었습니다. 불평이 없는 온유한 선생님, 거만이 없는 겸손한 성도, 꾸밈이 없는 청빈의 시민, 그리고 항상 정직하고 누구나 사랑하는 사도가 되어 있었습니다.

방애인은 미모를 지닌 것으로 전해지고 있습니다. 많은 유혹과 청혼이 몰려왔지만 조금도 흔들리지 않았습니다. 청혼이 올 때마다 그는 여유 있게 웃으며 "시집가면 무엇 하나요?"라고 했습니다. 그래도 집요하게 요청이 오면 단호하게 "나는 나를 주님께 바쳤습니다"라고 했습니다.

4. 고아원 설립

당시 전주에는 1927년 전주여자기독교청년회(YWCA)가 서문교회를 빌려 사용하던 작은 고아원이 있었는데, 시설이나 재정이 열악해서 제대로 운영할 수 없었습니다. 이에 방애인은 전주 서문교회 담임목사 배은희와 홍석호, 김선례 등 기전여학교 교사들과 함께 고아원 설립기금 모금운동에 나섰고, 고아원을 세우기 위해 전주 시내 8,000여 가구를 직접 방문하며 모금했습니다.

1931년 12월 전주 서문교회와 인접한 윤락가에 기생집 한 채를 구입하여 고아원을 개원하였습니다.

5. 마지막 나날과 장례

이후 방애인은 기전여학교 사역과 고아원 사역을 겸하였는데, 과로로 건강이 나빠졌고, 가족 문제로 인해 건강이 더욱 악화되었다고 합니다. 결국 병약한 몸으로 1933년 여름방학을 고향에서 보내고 전주로 돌아온 직후인 9월 16일 장티푸스 열병으로 24세의 나이에 별세하였습니다.

방애인이 죽었다는 소식은 삽시간에 전주 전역에 퍼졌습니다. 고아, 창녀, 기생, 걸인들이 만장을 들고 장례식에 모여들었습니다.

"선생님! 선생님!" 부르짖음이 하늘을 찔렀습니다.

"어머니! 어머니!" 목메어 부르는 고아들의 부르짖음이 온 누리에 퍼져 나갔습니다.

펄럭이는 만장이 1km 이상 늘어섰습니다. 온 전주가 떠들썩하였습니다. 전주 전체를 울리는 장례였습니다.

6. 교훈

24살의 거리의 성녀 방애인. 전주에 6년을 살았지만 짧은 3년의 삶이 성녀로 불리웠습니다. 그의 이야기를 공부하면서 눈물이 앞을 가립니다. 나는 60평생 뭐 하고 살았나! 너무나 부끄럽습니다.

언젠가 우리도 한줌의 흙이 될 텐데 어떻게 살아야 할까요?

16

전도는 기다리는 것입니다

이 세상에서 가장 무서운 사람은 어떤 사람일까요?

1) 총을 가지고 있는 사람
2) 권력을 가지고 있는 사람
3) 난폭한 사람

가장 무서운 사람은 기다리는 사람입니다.

그러므로 형제들아 주의 강림하시기까지 길이 참으라 보라 농부가 땅에서 나는 귀한 열매를 바라고 길이 참아 이른 비와 늦은 비를 기다리나니 너희도 길이 참고 마음을 굳게 하라 주의 강림이 가까우니라 형제들아 서로 원망하지 말라 그리하여야 심판을 면하리라 보라 심판자가 문 밖에 서 계시니라 형제들아 주의 이름으로 말한 선지자들로 고난과 오래 참음의 본을 삼으라 보라 인내하는 자를 우리가 복되다 하나니 너희가 욥의 인내를

들었고 주께서 주신 결말을 보았거니와

주는 가장 자비하시고 긍휼히 여기는 자시니라.

(야고보서5장7~11절)

길이 참으라는 말을 3번이나 반복하고 있습니다.
헬라어로 마크로투미아인데 끝까지 참으라! 지독하게 참으라!
악착같이 참으라! 많이 참으라! 오래 참으라!는 뜻입니다.

아브라함은 25년을 기다리고
요셉은 13년을 기다리고
노아는 120년을 기다리고
탕자 아버지는 얼마나 기다렸을까요?
욥은 얼마나 인내했을까요?

전도는 번갯불에 콩 구워먹듯이 이루어지는 것이 아니기 때문에
인내하고 인내하고, 참고 또 참고, 기다리고 기다리는 것입니다.

최근에 저희 교회에 나오신 새 신자가 있습니다.
김OO씨인데 술중독이고 담배도 엄청 태웁니다.
아내가 동창 모임에 갔다가 바람나서 집을 나갔습니다.
딸하고 둘이 사는데 상처가 많아서 인생을 포기한 사람처럼 일도

안하고 늘 술하고 친구가 되어 살아갑니다.

만날 때마다 전도하지만 마음에 문을 열지 않고 낮에도 술 중독이 되어 있습니다. 정말 인생을 포기한 분 같습니다. 전도가 쉽지 않아 저도 포기하고 싶을 정도입니다.

그럴 때마다 "하나님은 실패한 사람은 안아 주시지만 포기한 사람은 버리신다"는 말이 자꾸 떠올라서 그만둘 수가 없었습니다.

그런데 인내하고 기다렸더니 드디어 그가 교회를 나왔습니다.

그냥 기다렸다는 말이 아니라, 늘 기도하고 만나면 식사하고 권면하고 복음을 전했더니 어느 날 마음을 열어 교회 나오게 된 것입니다. 그런데 놀라운 것은 새벽예배를 나오면서 꿀차를 뜨겁게 데워서 새벽기도에 나오는 분들을 대접하는 것입니다.

더 놀라운 것은 주일예배에 목욕하고 양복을 입고 나온다는 사실입니다. 하루아침에 술 중독으로부터 자유로울 수는 없습니다.

조금씩 조금씩 좋아지고 있는데 절대 조급하거나 서두르지 말고 기다리면서 인내하면서 기도해주시기를 바랍니다.

전도는 기다리고 인내하면 주님께서 주님의 때에 역사하십니다.

절대 포기하지 말고 한 영혼을 천하보다 귀하게 여기고 돌아올 때까지 참고 기다리며 기다립시다. 곧 아버지 품으로 돌아오는 기적이 일어날 것입니다.

할렐루야!

주님의 시간에 그의 뜻 이뤄지리 기다려
하루하루 살 동안 주님 인도 하시니
주 뜻 이룰 때까지 기다려
기다려 기다려 그때를 그의 뜻 이뤄지리 기다려
주의 뜻 이뤄질 때 우리들의 모든 것
아름답게 변하리 기다려

17

사후생(死後生)

인간으로서는 도저히 경험할 수 없는 분야가 있습니다. 죽음 이후의 세계입니다. 죽으면 끝이기에 연구할 수도 없는 영역이며, 과학적으로 접근할 수도 없습니다. 인간은 죽으면 끝나는 것인지, 아니면 죽음 이후의 세계가 있는지 궁금합니다. 그래도 연구하는 사람들이 있습니다.

최준식 이화대학교 교수가 '죽음 연구학회'를 만들어 사후생을 연구하기 시작하였습니다. 사람들이 물었습니다.

"대나무 소리도 연구하나요?"

죽음을 '竹音(대나무 소리)'로 번역한 오류에서 나온 질문입니다. 사후생은 분명히 있습니다. 사후생이 있음을 5가지 측면에서 살펴봅니다.

1. 종교

모든 종교는 사후생을 인정합니다. 사후생이 없는 종교는 종교가 아닙니다.

1) 불교

불교는 죽음이 끝이 아니라 사후 윤회, 곧 환생이 있다고 봅니다. 죽을 때 그 사람이 어떻게 살았는지에 따라 상·중·하를 다시 상·중·하로 나누어 모두 9등급으로 구분합니다. 그래서 불국사 앞에는 구품연지(九品蓮池)가 있었는데, 영원한 세계로 들어가는 9등급이 있음을 상징합니다.

상상: 잘 산 사람은 죽자마자 다시 태어남

상중: 12시간 만에 다시 태어남

상하: 하루 만에 다시 태어남

중상: 3일 만에 다시 태어남

중중: 일주일 만에 다시 태어남

중하: 21일 만에 다시 태어남

하상: 49일 만에 다시 태어남(보통 사람, 그래서 49재가 있음)

하중: 지옥에 잠깐 들어갔다 나온 뒤 다시 태어남

하하: 지옥에 오래 있으면서 벌을 받은 뒤 다시 태어남(악독한 사람, 이를테면 부모를 죽인 사람 등)

티베트 불교의 수장 달라이 라마 14세는 말했습니다.

"만약 환생이 과학에 의해 부정된다면 티베트 불교의 신조를 바꿔야 한다."

대승불교는 지옥을 상당히 강조하며, 그 체계도 방대합니다. 불교의 사후생은 분명합니다.

2) 기독교

기독교는 철저히 내세를 강조합니다. 이 세상은 영원한 천국에 들어가기 위한 준비에 불과합니다. 부활은 믿음의 핵심이며, 기독교의 핵심은 사후생입니다. 마지막에 성경 이야기를 다시 다루겠습니다.

3) 이슬람교

이슬람교에도 사후생 교리가 있습니다. 다만 이 세상에서 아무리 잘 살아도 '천국'(알라만 계신 곳)에는 갈 수 없고, 그보다 조금 못한 '낙원'에 가서 영생한다고 설명합니다.

4) 힌두교

힌두교는 환생을 강조합니다. 인간은 지상에서 행한 모든 행위의 도덕적 총합체이며, 모든 행위는 그 결과에 따른 열매를 가져옵니다(업·카르마). 좋은 행위는 좋은 업, 나쁜 행위는 나쁜 업을 만들고, 이에 의해 태어남-죽음-다시 태어남의 끝없는 윤회가 계속됩니다. 사후생은 반복됩니다.

이처럼 모든 종교는 사후생을 말합니다.

2. 신비주의자들의 고백

신비 체험자들 역시 사후생을 말합니다. 대표적 인물이 임마누엘 스베덴보리(Emanuel Swedenborg, 1688.1.29~1772.3.29)입니다. 그는 스웨덴의 신학자이자 과학자로, 1741년부터 27년간 영적 체험을 했습니다. 루터교 감독이자 신학교 교수였던 아버지 아래에서 자랐고, 4~10세 무렵부터 하나님, 구원, 영적 체험을 이야기할 정도의 영적 기질을 보였습니다. 부모는 말했습니다.

"너를 통해 천사가 말하나 보다."

그는 천국과 지옥을 자유자재로 오가며 본 것을 상세히 기록했고, 35권에 달하는 저작을 남겼습니다. 각국어로 번역되어 지금도 널리 읽힙니다.

『천국의 놀라운 세계와 지옥에 대하여』(1758)

『자연 사물의 원리』(1734)

『영혼 세계의 질서』(1740~1741)

『새 예루살렘』(1758)

『신지와 신애』(1763)

『신려론』(1764) - 불멸의 베스트셀러로 알려짐

100명이 산에 들어갔는데 1명만 호랑이를 보았다고 해서 호랑이가 없는 건 아닙니다. 사후 세계를 본 신비주의자들은 역사 속에 비일비재합니다. 칸트와 요한 웨슬리도 스베덴보리에 관심을 가졌고, 웨슬리는 그를 "가장 재치 있고 활발하며 재미있는 미치광이"라고 평했습니다. 후대 신학자들은 "최초이자 가장 유명한 현대의 영매", "신지학과 초심리학의 선구자"라고도 했습니다. 한국 고신 교단은 스베덴보리를 이단으로 규정했습니다.

스베덴보리는 사후생을 이렇게 말합니다. 사람이 죽으면 '중간 영계'로 들어가며, 영계는 총 7층으로 되어 있습니다. 가운데 '중간 영계'에서 심사를 받고, 천국의 천사가 되느냐 지옥의 영인이 되느냐가 결정됩니다.

"중간 영계는 사람이 죽으면 제일 먼저 가는 곳입니다. 천계와 지옥의 중간에 있습니다. 그러므로 중간 영계는 천국도 아니고 지옥도 아닙니다. 특별한 예외가 있기는 하지만, 사람은 죽으면 반드시 이 중간 영계를 거칩니다."(스베덴보리연구회 편역, 『위대한 선물』, p.133)

중간 영계 위로 3층(천적 왕국-영적 왕국-자연적 왕국), 아래로 3층(제일 가벼운 지옥-중간 지옥-최악의 지옥)으로 나뉘며, 서로 넘나들 수 없습니다.

그는 천국에서도 부부 생활이 있음을 말했다고 합니다.

"지상에서 사랑하며 살고 영적으로 하나가 되어 순결을 지켜 온 부부는 천국 부부로서 그대로 천계로 직행했습니다. 그러나 그렇지 못한 부부는 제2단계에서 원수가 되기도 하고 서로 흥미를 잃기도 하여 자연히 헤어지게 되었습니다."(같은 책, p.137)

기독교 역사에서 논쟁적이었던 '유아 사망' 문제에 대해서도, 천국에는 완전한 교육 프로그램이 있어 유아들이 천사로 자란다고 말합니다.

"아이가 죽으면 천국의 고급 천사들이 내려와 사랑으로 안아 천국의 유아 생육시설로 데려갑니다. 모성애가 지극한 어머니들이 돌보기 시작합니다. 땅에서 자녀를 양육해 본 여성 천사가 어머니를 대신하는데, 그를 '교모(敎母)'라고 합니다."(같은 책, p.252)

그는 지옥에도 창녀촌이 있다고 기록합니다.

"지옥에는 창녀촌이 있었습니다…(중략)… 서로에게 가하는 성적 폭행… 이곳은 글자 그대로 지옥 중의 지옥이었습니다."(박보희 편역, 『천상의 증언』, p.80)

스베덴보리만이 아니라 수많은 신비 체험자들이 사후생을 증언합니다.

3. 임사체험자들의 간증

엘리자베스 퀴블러-로스는 의사이자 심리학자로, 임종을 맞는 말기 환자들을 오랜 기간 연구한 임종 연구의 개척자입니다. 『죽음과 임종에 관하여』를 출간했습니다.

사람이 암, 만성질환, 난치병 등의 선고를 받으면 보이는 5단계 반응(DABDA 법칙)은 다음과 같습니다.

- 부정(denial)

"검사가 잘못된 건 아닐까? 의사가 오진한 건 아닐까?" 보호자도 처음엔 부정합니다.

- 분노(anger)

"왜 하필 나야?" "내가 이런 병에 걸린 건 너 때문이야."

- 거래(bargaining)

"하나님, 고쳐주시면 재산을 헌납하겠습니다. 생명 다해 신앙생활 잘 하겠습니다."

- 좌절(depression)

효과 없이 병이 기우는 때 절망에 빠짐.

- 수용(acceptance):

할 수 있는 일과 없는 일을 구분하고 현실을 받아들여 유언장 작성 등 마지막 정리를 함.

퀴블러-로스는 의학적으로 죽었다가 살아난 이들을 많이 만났고, 그 간증을 모아 『사후생(The Life After Death)』을 펴냈습니다. 의학적으로 '죽음'은 보통 호흡 정지와 맥박 정지를 말합니다. 그 이상이 지속되면 뇌 손상이 빠르게 일어납니다. 그럼에도 비교적 긴 시간 후 소생한 사례들도 있고, 공통된 체험이 보고됩니다.

심리학자 레이먼드 무디는 사후생을 깊이 연구하여 『삶 이후의 삶』을 썼고, 10여 년간 150명의 임사 체험자를 인터뷰해 공통점을 정리했습니다.

- **유체이탈**

영혼이 육체로부터 분리되어 자신의 시신 위로 둥둥 떠 있는 체험

- **밝은 터널**

빛이 쏟아지는 듯한 터널로 들어가며 자신의 생애가 조명되는 체험

- **누군가와의 재회**

먼저 간 가족·지인, 혹은 자신이 믿는 구세주와의 만남

'뇌가 죽으면 의식이 없다'는 말은 틀렸다고 그들은 말합니다. 죽으면 육체만 죽는 것이지 의식은 살아 있다는 증언입니다. TV 전원을 꺼도 전파는 남아 있듯, 가사 상태로 근사 체험을 한 사람들은 보이는 세계가 전부가 아님을 깨닫고 교회를 찾고, 가진 것을 나눌 줄 알게 되곤 합니다.

비슷한 연구자들로는 버지니아대 정신과 의사 이안 스티븐슨(평생 2,500명 사례, 40년 연구, 『환생과 생물학』), 박테리아 뇌막염 후 7일 만에 소생하여 『나는 천국을 보았다』를 쓴 이븐 알렉산더, 심장 전문의로 344명의 소생자를 면담해 논문을 낸 핌 반 롬멜 등이 있습니다.

그들의 공통된 고백입니다.

"죽음은 육체가 영체로 바뀌는 사건이다. 거실에서 TV 보다가 잠든 딸을 엄마가 안방으로 데려다 눕히는 일과 같다. 봄이 오면 겨울 내내 입었던 외투를 벗듯, 낡은 육체를 벗고 영체로 살기 시작하는 것이 죽음이다."

퀴블러-로스는 말했습니다. "죽음은 두려움이 아니라 해방 사건이다."

4. 욕구와 대상

모든 욕구에는 대상이 있습니다. 대상 없는 욕구는 없습니다.

식욕 → 음식

성욕 → 이성

명예욕 → 지위(감투)

탐욕 → 돈

장수욕 → 영원

더우면 시원해지고 싶은 욕구로 에어컨이 발명되고, 추우면 따뜻하고 싶은 욕구로 난로가 생기고, 날고 싶은 욕구로 비행기가 만들어졌습니다. 영원에 대한 욕구는 곧 사후생입니다. 그러므로 사후생은 '요청'될 뿐 아니라 '존재해야' 합니다. 대상 없는 욕구는 없기 때문입니다.

사후생이 없다면 이 세상의 의미가 사라집니다. 선하게, 정도를 따라 살 이유가 없어지고, 악하게 즐기다 죽으면 끝이 됩니다. 사후생이 있어야 이 땅에서 산 것에 대한 '대가'와 '보상'이 있습니다.

유교는 사후생을 인정하지 않습니다. 인간은 육과 혼으로 구성되며, 육은 흙으로 돌아가고 혼은 분리 후 소멸한다고 봅니다. 그러나 칸트는 말했습니다.

"사후생은 요청된다."

사후생이 없으면 윤리와 도덕이 설 자리가 없습니다. '순교'도 무의미해집니다. 순교가 가능한 이유는 사후생의 보상이 있기 때문입니다.

5. 성경

신 중의 신은 하나님, 주 중의 주는 예수님, 영 중의 영은 성령님, 책 중의 책은 성경입니다. 성경은 처음부터 끝까지 사후생을 대비하는 책, 곧 천국으로 가는 안내서입니다. 지옥이 존재하니 그리 가지 않도록 경고하고 문을 막아 줍니다. 죽음 후에는 반드시 부활이 있습니다. 죽음을 맛보지 않고 사후생으로 들어간 사람(공개 휴거자 엘리야, 비밀 휴거자 에녹)도 있습니다.

성경은 천국의 크기, 모양, 재료까지 상세히 알려 줍니다. 성경이 그렇다면 그런 것입니다.

일곱 대접을 가지고 마지막 일곱 재앙을 담은 일곱 천사 중 하나가
나아와서 내게 말하여 이르되 이리 오라 내가 신부 곧 어린 양의 아내를
네게 보이리라 하고

성령으로 나를 데리고 크고 높은 산으로 올라가 하나님께로부터 하늘에서
내려오는 거룩한 성 예루살렘을 보이니

하나님의 영광이 있어 그 성의 빛이 지극히 귀한 보석 같고 벽옥과 수정
같이 맑더라

크고 높은 성곽이 있고 열두 문이 있는데 문에 열두 천사가 있고 그 문들
위에 이름을 썼으니 이스라엘 자손 열두 지파의 이름들이라

동쪽에 세 문, 북쪽에 세 문, 남쪽에 세 문, 서쪽에 세 문이니

그 성의 성곽에는 열두 기초석이 있고 그 위에는 어린 양의 열두 사도의
열두 이름이 있더라

내게 말하는 자가 그 성과 그 문들과 성곽을 측량하려고 금 갈대 자를
가졌더라

그 성은 네모가 반듯하여 길이와 너비가 같은지라 그 갈대 자로 그 성을
측량하니 만 이천 스다디온이요 길이와 너비와 높이가 같더라

그 성곽을 측량하매 백사십사 규빗이니 사람의 측량 곧 천사의 측량이라

그 성곽은 벽옥으로 쌓였고 그 성은 정금인데 맑은 유리 같더라

그 성의 성곽의 기초석은 각색 보석으로 꾸몄는데 첫째 기초석은 벽옥이요
둘째는 남보석이요 셋째는 옥수요 넷째는 녹보석이요

다섯째는 홍마노요 여섯째는 홍보석이요 일곱째는 황옥이요 여덟째는

> 녹옥이요 아홉째는 담황옥이요 열째는 비취옥이요
> 열한째는 청옥이요 열두째는 자수정이라
> 그 열두 문은 열두 진주니 각 문마다 한 개의 진주로 되어 있고
> 성의 길은 맑은 유리 같은 정금이더라
> 성 안에서 내가 성전을 보지 못하였으니 이는 주 하나님
> 곧 전능하신 이와 및 어린 양이 그 성전이심이라
> 그 성은 해나 달의 비침이 쓸 데 없으니 이는 하나님의 영광이 비치고
> 어린 양이 그 등불이 되심이라
> 만국이 그 빛 가운데로 다니고 땅의 왕들이 자기 영광을 가지고
> 그리로 들어가리라
> 낮에 성문들을 도무지 닫지 아니하리니 거기에는 밤이 없음이라
> 사람들이 만국의 영광과 존귀를 가지고 그리로 들어가겠고
> 무엇이든지 속된 것이나 가증한 일 또는 거짓말하는 자는 결코 그리로
> 들어가지 못하되 오직 어린 양의 생명책에 기록된 자들만 들어가리라
> (요한계시록 21:9-27)

천국에 대한 성경의 증언은 놀랍습니다. 현대 의학의 발달로 죽음 문턱까지 갔다가 살아난 사람들이 많아졌고, 죽었다가 영계를 본 이들도 늘었습니다. 심장이 멈췄다가 다시 뛰는 경우도 있습니다. 이런 사람들이 죽음 이후의 세계를 말하면 의학계는 '환각'으로 치부하지만, 과학으로 설명 불가능한 세계가 분명 존재합니다.

사후생은 분명히 있습니다. 사실 '죽음'은 없습니다. 영혼이 육체를 벗어날 뿐입니다. 육으로 살다가 영으로 사는 것이 죽음입니다.

공자의 제자 계로가 물었습니다.
"사람은 죽으면 어디로 가나요?"
공자는 대답했습니다.
"사는 것도 알지 못하는데 죽음을 어찌 알겠는가?"(未知生 焉知死)

그러나 우리는 압니다. 해외여행도 비행기·호텔·일정을 철저히 준비하듯, 인생 최대이자 최장기의 여행인 '사후생'도 준비해야 합니다. 종교가 없는 사람도 사후생을 말합니다. 우리나라에서도 "가는 길에 꽃밭이 있다", "강 건너편에서 조상들이 오지 말라고 했다" 같은 이야기가 전해집니다.
우리 영혼의 긴 여행을 준비해야 합니다. 사는 것은 죽음 준비입니다.

나는 할아버지가 영영 안 될 줄 알았습니다. 손녀가 말을 배울 때 "할아버지!"라고 부를 때의 놀람을 지금도 생생하게 기억하고 있습니다. "나도 할아버지가 되었구나"라는 세월의 흐름을 번개치듯이 느꼈습니다.

사후생(死後生)

통계청 자료입니다. 2000년에 우리나라 노인 인구가 7.2%였습니다. 2005년에 9.1%, 2017년 14%, 2026년에는 20.8%로 예상하고 있습니다. 2050년이 되면 38.2%로 예상되고 있습니다. 2040년이 되면 우리나라는 고령화 세계 2위 국가가 되고, 2050년이 되면 세계 1등 국가가 된다는 예상입니다.

코끼리 떼가 물가에 와서 물을 마십니다. 어린 코끼리들은 평범하게 물을 마십니다. 그런데 늙은 코끼리들은 코로 물을 흩어놓고 코를 물속에 넣고 물을 마시는 것을 발견하였습니다. 동물학자들이 이유를 연구하였습니다. 자기 늙은 모습이 물에 비치는 것이 보기 싫어서 그렇다는 것을 알아냈습니다. 코끼리도 늙은 자기 모습을 보기 싫어합니다.

이런 유머도 있습니다.
늙은 아내가 어느 날 아침 거울을 보면서 화장을 하며 남편에게 말했습니다.
"여보! 나도 이제 늙었어요. 이 모습이 보기 싫어서 하루 한 번만 거울을 보렵니다."
남편이 말했습니다.
"당신은 하루 한 번만 보면 되지만 나는 하루에도 몇 번 보는 것을 알고 참아요."

결론입니다.

5가지 면에서 살펴보았습니다.

   1. 종교

   2. 신비주의자들의 고백

   3. 임사 체험자들의 간증

   4. 욕구 대상

   5. 성경

우리는 사후생이 확실하게 있는 것을 알고 긴 여행을 준비하며 살아야 합니다.

18

가장 시급한 선교지 가족

기생 라합의 집에 걸려 있던 붉은 줄 이야기는 모두가 다 잘 알고 있는 이야기입니다. 라합이 이스라엘 정탐군을 살려 준 대가로 살아났습니다. 그때 창문에 붉은 줄을 매달아 놓았습니다. 여리고 성이 무너질 때 붉은 줄을 매달은 라합 가정에 있던 모든 이들만 생명을 얻었습니다. 그 붉은 줄에 대하여 깊이 상고하려고 합니다.

붉은 줄(샤니 티크바 תִּקְוַת שָׁנִי)의 의미

붉은 줄은 그 자체가 생명이었습니다. 붉은 줄을 창문에 맨 집에 들어 있는 라합의 가족들은 모두 구원을 받았습니다.

> 우리가 이 땅에 들어올 때에 우리를 달아 내린 창문에 이 붉은 줄을 매고 네 부모와 네 부모와 형제와 네 아버지의 가족들을 다 네 집에 모으라.
>
> (여호수아 2:18)

"이 붉은 줄을…"

라합 집에 있는 줄이었을까, 가지고 온 줄이었을까? 이런 문제에 관심을 집중시킨 주석가는 없었습니다. 그러나 즉석에서 말하는 것을 보면 비상용으로 붉은 줄을 지니고 있었던 것 같습니다. 이 줄을 미리 매면 들킵니다.

이스라엘 백성들이 여리고 성에서 모두 벌벌 떨면서 들어가지도 나가지도 못하고 있는 상황이었습니다. 그래서 아무도 붉은 줄을 보지 못하였습니다. 오직 이스라엘 군사들만 보았습니다. 여리고 성을 모두 13바퀴 돌았으니 13번 붉은 줄을 보았습니다. 그리고 서로 말했을 것입니다.

"저 집안에 있는 사람들은 모두 살린다."

이스라엘 백성들이 애굽에 있을 때 어린양 피를 문설주와 인방에 바른 집 안에 있는 이들은 모두 생명을 얻었습니다. 지금은 예수 피 안에 있는 이들이 생명을 얻습니다.

1. 들으라

붉은 줄이 있는 곳으로 들어가 있으라는 소리를 들어야 합니다. 구원의 역사는 들음에서 시작됩니다. 이스라엘 백성들이 생명처럼 여기는 말씀이 쉐마입니다.

이스라엘아, 들으라. 우리 하나님 여호와는 오직 유일한 여호와이시니

> 너는 마음을 다하고 뜻을 다하고 힘을 다하여 네 하나님 여호와를 사랑하라. 오늘 내가 네게 명하는 이 말씀을 너는 마음에 새기고 네 자녀에게 부지런히 가르치며 집에 앉았을 때에든지 길을 갈 때에든지 누워 있을 때에든지 일어날 때에든지 이 말씀을 강론할 것이며 너는 또 그것을 네 손목에 매어 기호를 삼으며 네 미간에 붙여 표로 삼고 또 네 집 문설주와 바깥 문에 기록할지니라. (신명기 6:4-9)

"들으라. 이스라엘아!"

이렇게 시작합니다. 우선 들어야 합니다. 듣지 못하면 알지 못합니다.

산속에 있는 부족들에게 선교사가 들어갔습니다. 그들에게 예수님이 우리 죄를 짊어지고 죽었기에 우리가 구원을 받았다는 복음을 전하였습니다. 듣고 있던 추장이 말했습니다.

"이렇게 좋은 복음을 왜 이제야 들려줍니까?"

생명을 얻으려면 들어야 합니다.

라합은 기생입니다. 술집을 경영하고 있습니다. 여론이 모이는 곳이 술집, 이발소, 미장원입니다. 술집에서 손님들이 와서 술 마시며 떠드는 소리를 들었습니다.

> 또 그들이 눕기 전에 라합이 지붕에 올라가서 그들에게 이르러 말하되 여호와께서 이 땅을 너희에게 주신 줄을 내가 아노라. 우리가 너희를 심히

> 두려워하고 이 땅 주민들이 다 너희 앞에서 간담이 녹나니
> 이는 너희가 애굽에서 나올 때에 여호와께서 너희 앞에서 홍해 물을
> 마르게 하신 일과 너희가 요단 저쪽에 있는 아모리 사람의 두 왕 시혼과
> 옥에게 행한 일, 곧 그들을 전멸시킨 일을 우리가 들었음이니라.
> 우리가 듣자 곧 마음이 녹았고 너희로 말미암아 사람이 정신을 잃었나니
> 너희의 하나님 여호와는 위로는 하늘에서도 아래로는
> 땅에서도 하나님이시니라. (여호수아 2:8-11)

붉은 줄의 생명은 들음에서 시작하였습니다.

2. 믿어라

여리고 성에 사는 사람들은 이스라엘 백성들이 애굽에서 출발하여 지금까지 어떻게 하며 이곳까지 오게 되었는지 낱낱이 다 들었습니다. 홍해가 갈라졌고 요단강이 갈라졌다는 이야기를 들었습니다. 그리고 애굽의 적들과 아말렉을 모조리 전멸시킨 전쟁 이야기도 들었습니다.

그리고 다 그 사실을 믿었습니다. 믿었다는 증거의 말들이 눈에 뜨입니다.

"심히 두려워하고"
"간담이 녹나니"
"정신을 잃었나니"

귀에 들어온 말이 모두 믿어지니까 감정으로 이어졌다는 말입니다. 여리고 사람들은 모두 들었고 모두 믿었습니다.

3. 행하라

모두가 들었습니다. 모두가 믿었습니다. 그러나 라합만 행동으로 옮겼습니다.

> 여호와께서 이 땅을 너희에게 주신 줄을 내가 아노라. (여호수아 2:9)

'아노라' 안다고 하는 히브리어는 '야다티'(יָדַעְתִּי)입니다. 이는 행동을 동반하는 앎입니다. 진정으로 아는 이는 행동으로 이어집니다. 참으로 믿는 이는 행동화됩니다. 동력이 생깁니다. 믿음은 명사가 아니라 동사입니다.

야고보는 행함 있는 믿음과 행함이 없는 믿음을 구별하여 주었습니다. 야고보서 2장에서 행함이 있는 믿음의 사람 두 명을 뽑았습니다. 그중에 하나가 아브라함입니다.

> 내 형제들아, 만일 사람이 믿음이 있노라 하고 행함이 없으면 무슨 유익이 있으리요? … 또 이와 같이 기생 라합이 사자들을 접대하여 다른 길로 나가게 할 때에 행함으로 의롭다 하심을 받은 것이 아니냐. 영혼 없는 몸이 죽은 것 같이 행함이 없는 믿음은 죽은 것이니라.
> (야고보 2:14-26)

아브라함이 이삭을 행함으로 바쳤을 때 벗이라고 불러 준 이야기를 하고 있습니다. 아브라함 말고 다른 한 사람은 라합입니다. 라합이 정탐꾼을 숨겨 준 용기와 믿음은 아브라함이 아들 이삭을 바치는 행동과 동격화시켰습니다.

라합은 목숨을 건 행동을 하였습니다. 여리고 사람들은 듣고 믿기까지는 하였는데 행동화되지는 못하였습니다.

4. 유익하게 하라

두 정탐꾼을 라합 때문에 정보를 얻고 돌아갔습니다. 정탐 보고를 할 때 보고 내용이 성경에 기록되어 있습니다.

> 그 두 사람이 돌이켜 산에서 내려와 강을 건너 눈의 아들 여호수아에게 나아가서 그들이 겪은 모든 일을 고하고 또 여호수아에게 이르되 진실로 여호와께서 그 온 땅을 우리 손에 주셨으므로 그 땅의 모든 주민이 우리 앞에서 간담이 녹더이다 하더라.
>
> (여호수아 2:23~24)

라합이 정보를 준 대로 보고하였습니다. 정탐꾼의 보고를 듣고 여호수아는 진군 명령을 내렸습니다. 군사 수, 무기 상황, 성의 모양에 대한 보고는 하나도 없습니다. 라합은 정확하게 정탐꾼에게 상황을 알려 주었고, 정탐꾼은 그대로 보고하여 이스라엘 군대로 하여금 용기를 얻게 하였습니다.

반대로 자기 민족에게서 보면 배반자였습니다. 역적이었습니다. 간첩이었습니다. 그러나 라합의 가치 기준은 오직 하나님의 뜻이었습니다. 하나님의 계획을 확실하게 알았습니다. 라합은 두 정탐꾼을 끝까지 확실하게 돌보았습니다. 빨리 산에 가서 숨으라고 하였습니다. 3일 동안 꼼짝 말고 있어야 한다고 알려 주었습니다.

> 라합이 그들에게 이르되 두렵건대 뒤쫓는 사람들이 너희와 마주칠까 하노니 너희는 산으로 가서 거기서 사흘 동안 숨어 있다가 뒤쫓는 자들이 돌아간 후에 너희의 길을 갈지니라. (여호수아 2:16)

여리고 군사들이 3일 동안 정탐군을 찾았습니다. 여리고에서 요단강까지는 불과 13km, 걸어서 3시간이면 가는 거리입니다. 그런데 3일 찾았다는 말은 이 잡듯이 뒤졌다는 의미입니다. 그런데 길에서만 찾았습니다.

> 그들이 가서 산에 이르러 뒤쫓는 자들이 돌아가기까지 사흘을 거기 머물매 뒤쫓는 자들이 그들을 길에서 두루 찾다가 찾지 못하니라. (여호수아 2:22)

엉뚱한 곳에서 찾았습니다. 라합은 군사들의 약점을 잘 파악하였습니다. 3일 만에 수색을 포기하였습니다. 정탐꾼들은 3일 만에 산에서 내려와 강을 건너 여호수아에게 갈 수 있었습니다. 처음부터 끝까지 돌보는 것이 돌보는 것입니다. 라합이 그랬습니다. 그녀의 이런 행동을 가리켜 히브리서 11:31에는 "믿음으로 기생 라합은 정탐꾼을 평안히 영접하였으므로…"라고 했습니다.

5. 흥정하라

라합은 생명을 걸고 정탐꾼 둘을 숨겨 주었습니다. 살려 주었습니다. 무사히 도망가게 하였습니다. 남을 유익하게 하면서 당당하게 흥정하였습니다.

> 그러므로 이제 청하노니 내가 너희를 선대하였은즉
> 너희도 내 아버지의 집을 선대하도록 여호와로 내게 맹세하고
> 내게 증표를 내라. (여호수아 2:12)

라합은 정탐꾼들을 확실하게 선대하였습니다. '선대'라는 말이 두 번 등장하고 있습니다. 히브리말로 '헤세드'입니다. 확실하게 도와주었다는 뜻입니다. 확실하게 선대하였음을 알리면서 보장된 선대를 요구하였습니다. 하나님께 맹세하게 하였습니다. 그리고 증표를 달라고 하였습니다. 더 큰 요구를 합니다. 두 명을 살려 주었으니 더 큰 보상을 달라고 하였습니다.

> 그리고 나의 부모와 나의 남녀 형제와 그들에게 속한 모든 사람을
> 살려 주어 우리 목숨을 죽음에서 건져내라. (여호수아 2:13)

부모, 형제, 형제에게 속한 모든 사람. 짐작하여 봅니다.

라합의 식구 5명 정도

형제 5가정 정도

형제에 딸린 식구들을 5명씩만 계산하여도 25명

적어도 30명 이상의 생명을 보장하여 달라고 하였습니다. 두 정탐꾼은 목숨을 걸고 약속하였습니다. 그 결과는 약속대로였습니다

> 이 성과 그 가운데에 있는 모든 것은 여호와께 온전히 바치되
> 기생 라합과 그 집에 동거하는 자는 모두 살려 주라. 이는 우리가 보낸
> 사자들을 그가 숨겨 주었음이니라. (여호수아 6:17)

> 정탐한 젊은이들이 들어가서 라합과 그의 부모와 그의 형제와 그에게
> 속한 모든 것을 이끌어 내고 또 그의 친족도 다 이끌어 내어 그들을
> 이스라엘의 진영 밖에 두고. (여호수아 6:23)

6. 섞이지 말라

서로 약속할 때 두 정탐꾼이 말했습니다.

> 그 사람들이 그에게 이르되 네가 우리에게 서약하게 한 이 맹세에 대하여 우리가 허물이 없게 하리니, 우리가 이 땅에 들어올 때에 우리를 달아 내린 창문에 이 붉은 줄을 매고 네 부모와 형제와 네 아버지의 가족을 다 네 집에 모으라. 누구든지 네 집 문을 나가서 거리로 가면 그의 피가 그의 머리로 돌아갈 것이요 우리는 허물이 없으리라. 그러나 누구든지 너와 함께 집에 있는 자에게 손을 대면 그의 피는 우리의 머리로 돌아오려니와, 네가 우리의 이 일을 누설하면 네가 우리에게 서약하게 한 맹세에 대하여 우리에게 허물이 없으리라 하니.
>
> (여호수아 2:17-20)

라합은 정탐군의 제의에 대하여 응답했습니다.

"너희의 말대로 할 것이라."

멸망받을 사람들과 섞이면 안됩니다. 구원받을 사람들끼리 뭉쳐 있어야 합니다. 우리는 그 후 라합의 행동을 짐작할 수 있습니다. 친척 모두에게 찾아가서 설득하느라고 분주했을 것입니다. 믿어주지 않는 친척도 있었을 것입니다. 그러나 다급하게 다 모았습니다. 붉은 줄이 있는 곳으로 모두 불렀습니다. 안 온다고 하면 강권했을 것입니다. 오늘날처럼 핸드폰이 있는 것도 아니었기에 여기저기 분주히 뛰어다녔을 것을 쉽게 알 수 있습니다. 우여곡절이 많았을 것입니다.

비밀을 누설하면 안 되었습니다. 옆집에 가서 자랑할 틈도 없었을 것입니다. 또 일부러 은밀히 행동해야 했습니다. 친척들은 비밀리에 아지트에 모여들었을 것입니다. 이웃에서는 무슨 가정 행사가 있는 것 같다고 여겼을 것입니다.

예수님의 족보
라합은 후에 예수님의 족보에 등장합니다.

> 살몬은 라합에게서 보아스를 낳고 보아스는 룻에게서 오벳을 낳고 오벳은 이새를 낳고. (마태복음 1:5)

살몬과 결혼하여 보아스를 낳습니다. 보아스는 룻과 결혼하여 오벳을 낳습니다. 오벳은 다윗의 아버지 이새를 낳습니다. 결국 라합은 다윗의 고조할머니가 됩니다.

결론적으로 말합니다.
라합의 집 창문에는 두 번 줄이 늘어졌습니다.

1. 여호수아 2:15의 첫 번째 줄

"라합이 그들을 창문에서 줄로 달아 내리니 그의 집이 성벽 위에 있으므로 그가 성벽 위에 거주하였음이라."

여기서 '줄'(헤벨, הֶבֶל)이라는 단어는 히브리어의 '악을 행하다, 고생하다'(하발)라는 단어에서 유래되었습니다. 라합이 기생의 삶을 살면서 고통스럽게 죄를 짓는 삶을 살았다는 것을 의미합니다. 원죄의 삶을 상징하고 있습니다. 예수님을 모르고 사는 고통스러운 삶의 모습입니다. 라합은 정탐꾼을 만나면서 인생이 달라졌습니다. 복음을 들었기 때문입니다.

2. 여호수아 2:21의 두 번째 줄

> "라합이 이르되 너희의 말대로 할 것이라 하고
> 그들을 보내어 가게 하고 붉은 줄을 창문에 매니라."

여기서 붉은 줄은 '줄'에 포인트가 있습니다. '티크바'(תִּקְוָה)는 '끈, 줄, 소망'이라는 뜻입니다. 이 붉은 줄은 여호수아를 간절히 기다리는 라합의 신앙을 의미합니다. 여리고 성이 멸망받게 생겼지만 라합은 두렵지 않았습니다. 이미 자신의 창문에 붉은 줄을 매달았기 때문입니다. 이제 우리는 소망의 줄을 달고 살아야 합니다.

기생 한 사람의 믿음의 행동은 온 가족과 일가친척을 구원했습니다. 기생이었지만 하나님을 선택하고 두 정탐꾼이 여리고 성을 빠져나가자마자 즉시 붉은 줄을 달았습니다. 그리고 가족과 친척들을 찾아다니며 "우리 여리고 성은 멸망한다. 그러니 우리 집으로 모여 달라"고 설득하는 라합의 절실함이 보이지 않습니까?

"너 술 먹었니? 정신 나갔니? 왜 그러니? 창피하다! 돌아가라!"고 면박하는 그들의 차가운 시선에도 아랑곳하지 않고 끝까지 설득시켜 자기 집으로 초대하는 라합의 자세를 배워야 합니다.

전도는 내일이면 늦습니다.
전도는 인내가 필요합니다.
전도는 절실함이 요구됩니다.
이웃도 전도해야 하고, 친구도 전도해야 하지만 가장 시급한 내 가족과 일가친척들을 전도해야 합니다.

19

나의 목회 이야기(간증)

저의 목회 이야기를 나누려고 합니다. 전도사로 부임해서 사역한 교회마다 최선을 다하여 맡겨진 사명을 잘 감당하고, 훈련도 강하게 받고, 1999년도에 목사 안수를 받고 개척을 시작했습니다.

제가 생각하기로는 개척하면 100명, 200명은 쉽게 모일 것이라는 대단한 자부심과 자신감으로 시작했습니다.

지하에서 시작해 지상으로 올라오면서 목회는 잘 되어갔습니다. 그런데 어느 날부터 교회에 문제가 생기기 시작했습니다. 교인 간에 돈 문제로 다투고 분쟁이 일어나기 시작했습니다.

그러면서 교인들이 하나둘씩 떠나기 시작했고, 목회 위기가 찾아왔습니다. 저는 누구보다 똑똑했고 잘났다고 생각했습니다. 운동도 잘하고, 노래도 잘하고, 전도도 잘하고, 모든 것을 갖추었다는 오만함이 결국 목회를 실패하게 만들었습니다.

저의 똑똑함으로, 저의 지식으로 목회를 했던 것입니다. 하나님은 순간순간 저에게 경고와 신호를 보내셨는데, 그것을 무시하고 계속 인간적인 목회, 사람을 의지하는 목회 쪽으로 가다 보니 결국 하나님은 저를 막다른 골목으로 몰아넣으셨던 것입니다.

결국 깨어져야 할 때 깨어지지 않으면 주님은 막다른 골목으로 넣으신다는 사실을 뼈저리게 깨달았습니다. 매 주일 강단에 설 때마다 교인들이 한두 명씩 보이지 않기 시작하더니, 어느새 다 나가고 두 가정만 남은 상태가 되었습니다.

갑자기 목회가 끝났다는, 실패했다는 절망감에 사로잡히면서 더 이상 강단에 설 수도 없었고, 친구 목사님이 대신 몇 개월을 설교하는 지경까지 이르렀습니다. 또한 음식도 먹을 수 없었고 열등감과 패배의식에 사로잡혀 휴대폰을 끄고 사람도 만나지 않는 상황까지 몰고 갔습니다.

결국 우울증과 불면증으로 이어졌고 숨을 쉴 수도 없는 상황까지 이르자 병원에서 내시경 검사를 하게 되었는데 아무런 이상이 없다고 결과가 나왔습니다. 그러나 숨을 쉴 수도 없고 목에 무언가 걸린 것처럼 힘들어 일주일 만에 또 의사를 만나 다시 한번 내시경을 검사해 달라고 말했더니, 의사가 종이에다 '이 사람은 정신과 치료가 필요하다'고 적어 정신과로 저를 보냈습니다.

내시경 검사는 1년에 한두 번 하는 것인데 일주일 만에 다시 검사해 달라고 하니, 의사가 그렇게 진단할 수밖에 없는 것이었습니다. 저는 목사로서 비참했고 병원 밖으로 뛰쳐나왔는데 너무 힘들었습니다. 그리고 아내에게 '어차피 목회 실패했는데, 사나 죽으나 주님께 매달려 기도하는 방법밖에 없다'고 생각하고 기도원에 들어가자고 부탁했습니다.

그래서 결국 대전 인근의 기도원에 들어가게 되었습니다. 그날 원장님과 상담 중에 원장님이 투시를 보았는지 '뱀이 저를 꽉 잡고 있어 먹지 못하게 하고 굶겨서 지옥으로 끌고 가는 모습'을 보았다고 저에게 직격탄을 날렸습니다. 목사이지만 음식도 전혀 먹을 수 없었고 우울증과 불면증에 시달린 저는 기도원 원장님의 말에 꽂히고 말았습니다.

얼마나 괴롭고 힘들었는지 결국 그날 밤에 사건이 터지고 말았습니다. 아내와 기도하고 있었는데 너무나 탈진한 상태이기에 기도가 나오지 않았습니다. 아내는 방언으로 눈물 흘리며 뜨겁게 기도하고 있는데, 저는 방에 서서 왔다 갔다 하고 있었습니다. 너무 힘든 그 순간에 갑자기 손목의 혈관으로 귀신이 타고 들어오는 것이었습니다. 그때 엄청난 일들이 벌어지고 말았습니다.

개인적인 체험이기에 오해 없이 읽어 주시기를 부탁드립니다. 제 몸 사지가 뒤틀리기 시작했습니다. 다리부터 비틀기 시작하면서 온몸으로 그 고통을 느끼게 되었고, 온 사지를 마비시키면서 결국은 두 팔과 두 다리를 잘라내고 목까지 잘라지는 경험을 하게 되었습니다. 다시 말씀드리지만 입신이나 환상으로 체험한 것이 아니고, 직접 제 몸에 귀신이 들어와 체험한 것입니다. 지옥으로 끌려 들어갔는데 팔·다리도 잘라지고 목도 잘라졌는데 제가 죽지 않는 것입니다.

유황불이 펄펄 끓는 지옥으로 저를 끌고 갔는데, 제 앞에 지옥의 사자 둘이 비웃고 조롱하는 모습을 보았습니다.

지옥의 사자는 얼마나 좋았겠습니까? 성도도 아니고 목사가 지옥에 왔으니 신났겠지요! 저는 그 모습을 보면서 말도 할 수 없었고, 유황불이 너무 뜨거워 '으악!'하고 소리만 지르고 있었습니다. 나중에 깨어나서 아내에게 물어보니 40분을 사지를 비틀면서 소리를 질렀다고 합니다.

제가 경험한 지옥은 끔찍하고 참혹했습니다. 성경에 보면 부자가 음부에 떨어져 얼마나 뜨겁고 고통스러운지 '물방울 한 방울로 내 혀를 서늘하게 해 달라'고 부탁합니다. 사람이 배고프면 "밥 좀 주세요"라고 말하지만 너무 배가 고프면 "밥 한술만 주세요"라고 절박하게 말하듯, 얼마나 고통스럽고 끔찍하면 물 한 방울만 달라고 했겠습니까?

그리고 나서 '불꽃 가운데 고민한다'고 이야기합니다. 잘못된 표현입니다. 무슨 고민입니까? 지옥은 정말 끔찍한데, 지옥은 정말 참혹한데, 절대 지옥은 체험도 하지 말아야 합니다. 영원한 유황불 속에서 영원히 고통스럽게 어떻게 산단 말입니까!

누구보다도 지옥을 끔찍하게 체험했기에 더욱 열정을 갖고 전도하는 것 같습니다. 그 사건이 일어난 후, 사단에 잡혔다는 생각 때문에 많이 괴롭기도 했습니다. 가정의 기둥인 아버지가 넘어지면 가정이 무너지듯 교회의 목사님이 넘어지니 교회도 무너지고, 가정도 무너지고, 몸은 질병으로 무너졌습니다.

사도 바울의 '사단의 가시'를 전에는 이해하지 못했는데, 이 사건을 계기로 사단의 가시가 무엇인지 알게 되었습니다. 그 이후 하나님께서 저를 회복시키시는 데 1년 이상이 걸렸습니다. 지금도 후유증으로 이명이 있고 목에도 무언가 있는 것 같은 불편함이 있지만 하나님께서 90%만 치유하셨습니다. 지금은 완전히 치유하시지 않은 것에 감사합니다. 왜냐하면 그런 약함으로 인해 더 하나님께 겸손하게 무릎 꿇을 수 있기 때문입니다. 그래서 사단의 가시가 무엇인지, '약할 때 강함 되시는 하나님'이라고 고백했던 사도 바울의 심정을 이제는 알 것 같습니다.

나의 똑똑함, 잘남, 지식과 경험을 다 내려놓고 이제는 하나님이 원하시는 목회, 성령 충만한 목회, 십자가 보혈의 목회를 하게 되었습니다. 영과 육이 회복되면서 교회를 다시 시작해 갈 때 새 신자 한 가정, 집사님 부부 한 가정만 남아 있었습니다.

다시 교회를 시작하려고 하니 가진 것은 돈 3천만 원이 전부였습니다. 그 돈을 갖고 다시 건물을 보기 시작했는데, 사택도 같이 있어야 하기에 지하 30평 건물을 보기 시작하다가 상가 2층 90평 건물이 나와 있는 것을 보게 되었습니다. 1억 5천만 원이 있어야 되는데, 교인도 없고 돈도 없고 막막한 상황 가운데 하나님의 은혜로 은행 대출을 떠안고 건물을 얻게 되었습니다.

결론부터 말씀드리면 2년 만에 빚을 다 갚게 되었습니다. 제2의 목회를 한다는 감격을 갖고 새로운 결단과 마음가짐으로 입당예배를 드리고 난 첫 주 예배 때 강단에서 설교하기를, '매주 한 명씩 전도하지 못하면 강단에 서지 않겠다'고 교인들에게 말했습니다.

교인은 고작 4명이었습니다. 4명을 앉혀놓고 결단을 피력했습니다. 나 혼자만 갖고 있으면 작심삼일이 될 것 같아 교인들에게 선포한 것입니다. 요셉이 꿈을 꾸고 형들에게 발설했을 때 부정적 반응을 보였지만, 꿈을 주위 사람들에게 말할 때 그 꿈이 나를 이끌어가는 것입니다. 반대도 있겠지만 나의 꿈을 인정해 주고 응원해 주는 사람도 있다는 사실을 기억하고 나아가야 합니다.

저는 매주 한 명씩 전도하게 되었습니다. 그렇다고 한 주도 빠짐없이 전도가 된 것은 아니겠지요. 어떤 주일은 전도를 못한 적이 있었지만 약속을 못 지켰다고 강단에서 내려오라는 성도는 없었습니다. 강단에서 쉽지 않은 그 선포, '매주 한 명씩 전도하지 못하면 강단에 설 수 없다'는 선포가 그대로 이루어졌습니다.

그 고백을 간증한 적이 있었는데 간증에 감동받은 장로님이 '젊은 목사가 대단하다. 이런 열정이면 돕고 싶다'며 전도 물품을 적극 지원해 주셨습니다. 목회자 세미나 때마다 간증을 하다 보니 이제는 전도 부흥 강사가 되어 '365 반보 생활 전도법'을 개발하게 되었고, 6년 동안 전국으로 전도 훈련을 다니며 목회자와 성도들을 전도 훈련시키는 강사로 16주·12주·8주 전도 훈련 학교를 이끌어 지금까지 오고 있습니다.

하나님께 물은 적이 있습니다. "부족하고 연약한 저를 전국적으로 쓰시는 이유가 무엇입니까?" 하는 질문에 하나님께서 저에게 들려주신 음성은 "내가 너에게 투자한 게 얼마인데"라고 말씀하셨습니다. 그 답 앞에 눈물을 펑펑 쏟았습니다. 전도를 조금밖에 하지 않았지만 하나님은 저를 크게 들어 사용하고 계셨습니다.

하나님의 은혜 가운데 탁월한 전도지 두 가지를 개발하게 되었습니다. 첫 번째 전도지는 '하나님이 어디 계신가요? 보여주세요! 보여 달라!' 불신자 눈높이에 맞춘 전도지로 첫 부분에 '머뭇거리기엔 인생이 너무 짧습니다'라는 멘트로 시작됩니다. 전국적으로 상당한 반응을 일으켰습니다.

두 번째 전도지는 '바쁘고 시간 없어서 교회 못 나가요'입니다. 두 번째 또한 철저히 불신자 눈높이에 맞춘 전도지로, 전국의 목사님과 성도님의 마음을 사로잡는 최고의 전도지라는 찬사를 받앉습니다.

하나님께서 환난과 시련과 연단을 통해 공중전, 지하전을 통과시키시며 저를 하나님의 복음 전도자로 세우고 계셨던 것입니다. 사랑하는 여러분, 지금 힘들고 어려운 시기를 겪고 계십니까? 절대 낙심하거나 포기하지 말고 끝까지 인내하시기를 바랍니다. 우리를 단련하신 후에는 정금같이 나오게 될 줄로 믿습니다.

어느 날 성령님께서 저에게 3가지 질문을 하십니다.
  첫째, 너는 나를 사랑하느냐?
  둘째, 너는 왜 나와 살기를 원치 않느냐?
  셋째, 나와 살기를 원한다며 네 안에 내 말을 들여놓기가 힘이 드느냐?

어느 날 주님이 "사랑하는 종아, 요즘 성도들이 나를 거지처럼 섬기느냐, 아니면 왕으로 섬기느냐?"는 질문 앞에 너무나 부끄러워 답을 할 수 없었습니다. 내가 하나님을 거지처럼 섬기면 내 아내는 거지 와이프이고, 내 자녀는 거지 자식이고, 반대로 내가 하나님을 왕으로 섬기면 내 아내는 왕비가 될 것이고, 내 자녀는 공주가 될 것이 아닌가 곰곰이 생각하게 되었습니다. 과연 기독교인들이 하나님을 어떤 자세로 섬기고 있는지 자신을 돌아보는 시간이 되었으면 좋겠습니다.

지금까지 고난과 역경 가운데서도 살려 주시고, 지켜 주시고, 세워 주시고 사용하여 주신 하나님께 진심으로 영광을 올려드립니다.

나의 목회 좌우명은 "오늘 이 하루는 어제 죽어간 이들이 그토록 살고 싶어 했던 소중한 하루이기에 오늘 살아 있음에 감사하며 기쁘게, 즐겁게, 신나게 목회하자!"입니다.

이 글을 읽는 여러분도 그렇게 삶을 사시기를 부탁드립니다.

20

중독에 빠지지 맙시다
결심중독에 빠지지 맙시다

사람들은 1년에 한 번씩 새해를 맞습니다.
"새해를 맞으면서 가장 많이 하는 것이 무엇입니까?"
이런 질문에 가장 많은 대답은 이것입니다.
"결심입니다."
모두가 새해에는 새로운 결심을 하며 맞게 됩니다. 그런데 서점에 가 보니 〈바보는 결심만 한다〉라는 책이 있었습니다. 바보는 결심만 합니다. 바보뿐만 아니라 많은 사람들이 결심 중독증에 걸려 있습니다. 중독이란 무엇입니까?
내가 내 마음대로 나를 이끌 수 없는 것이 중독입니다.
나는 나인데 나 아닌 나가 나를 지배하고 있는 그것이 바로 중독입니다.

부자와 가난한 사람의 재산을 다 모았습니다. 그리고 똑같이 나누어 주었습니다. 2년이 지났습니다. 부자는 부자가 되어 있었고 가난한 사람은 가난한 사람이 되어 있었습니다.

부자는 부자의 마인드가 있었습니다.

그런데 가난한 사람은 가난한 마인드가 있었습니다. 쓰려고 돈을 모았습니다. 돈을 종이 쓰듯이 썼습니다. 기름을 물 쓰듯이 썼습니다. 그런데 부자는 종이를 돈 쓰듯이 아꼈습니다. 물을 기름 쓰듯이 신중하였습니다. 결심하는 것을 보면 그 사람의 마인드를 알 수 있습니다. 마인드는 중요한 것입니다.

같은 행동을 21일 반복하였더니 습관이 되었습니다. 66일 동안 하였더니 안 하면 불편하게 되었습니다.

중독에는 두 종류의 중독이 있습니다.

1. 물건 중독
2. 정신 중독

물건 중독은 물질 때문에 중독되어 있는 중독입니다. 돈 중독, 마약 중독, 술 중독, 아편 중독, 담배 중독, 커피 중독, 콜라 중독 등 물질로 중독되어 있는 중독입니다.

정신 중독은 정신이 무엇엔가 홀려 있는 상태입니다. 도박 중독, 게임 중독, 일 중독, 쇼핑 중독, 이성 중독이 이에 속합니다.

내가 알고 있는 초등학교 선생님은 네 잎 클로버 모으는 중독에 걸렸습니다. 학교 수업만 마치면 들로 나가 네 잎 클로버만 모읍니다. 겨울방학이면 외국으로 나갑니다. 네 잎 클로버를 많이 모은 것으로 기네스북에 오르겠답니다. 지금까지 3만 개를 모았습니다.

화장 중독도 있습니다.

여자들은 하루 세 번 화장하는 시간이 있습니다. 출근 전입니다. 출근하려고 화장합니다. 퇴근 전입니다. 퇴근 후 만날 사람들을 위하여 화장을 고칩니다. 그리고 밤늦게 혼자 화장합니다. 셀카를 찍으려고 그런답니다. 그 시간에 화장품 광고가 있는 이유입니다.

그런데 결심을 자주 하고 지키지 않는 결심 중독도 있습니다. 정신 중독입니다.

어떤 목사님이 주신 유머입니다.

어떤 청년이 연초에 결심하였습니다. 금년에는 매일 15장씩 성경을 읽으면서 하나님의 뜻을 찾으리라고 결심하였습니다. 매일 15장씩 성경을 읽어 나갔습니다. 그런데 성경을 하루에 매일 15장씩 읽는다는 것은 그리 쉬운 일이 아니었습니다. 매일 성경을 1시간씩 읽어야 했습니다. 그 청년은 하나님께 이렇게 기도하였습니다.

"하나님! 너무 과하게 목표를 세운 것을 용서하여 주옵소서. 이제 하루에 5장씩은 꼭 읽겠습니다."

그리고 하루에 5장씩 읽기 시작하였습니다. 그러나 몇 달 지나고 나니 그것도 지루하였습니다. 그래서 한 장으로 줄였습니다. 그것도 세월이 지나고 나니 지루하였습니다. 그래서 어느 날 이렇게 기도하였습니다.

"하나님. 이제는 더 이상 결심을 변하지 않겠습니다. 아침에 일어나자마자 성경을 펴겠습니다. 그리고 손가락으로 말씀을 짚겠습니다. 그 말씀이 오늘 하나님께서 내게 주시는 말씀으로 알고 그 말씀을 붙들고 하루를 살겠습니다."

그리고 어느 날 아침 일어나자마자 손가락으로 성경을 열었습니다. 그리고 손가락을 짚었습니다. 마태복음 27장 5절이었습니다.

"스스로 물러가 목매어 죽으니라."

그는 웃으면서 말했습니다.

"좋으신 하나님께서 나에게 오늘 자살하라고 그러시겠느냐? 하나님! 다시 한 번 하겠습니다."

그리고 성경을 다시 펼쳤습니다.

누가복음 10장 37절이 나왔습니다.

"가서 너도 이와 같이 하라."

그 청년은 웃으면서 말했습니다.

"하나님! 다시 한 번 뽑겠습니다. 용서하여 주옵소서."

그리고 다시 성경을 펼치고 손가락을 짚었습니다. 요한복음 2장 5절이 보였습니다.

"너희에게 무슨 말씀을 하시든지 그대로 하라."

그래서 그 청년은 회개하였습니다. 그리고 매일 세 장씩을 읽어

나갔습니다. 한 번 결심한 것을 꾸준히 할 수가 있었습니다.

결심 중독에 걸리면 안됩니다. 많은 사람들이 결심 중독에 빠져 있습니다. 결심하고 그뿐입니다. 그러면 어떻게 하면 결심 중독에 빠지지 않을 수 있을까요? 학습된 무기력 중독이 있습니다.

1. 벼룩이 훈련법

사람들에게는 무한한 능력이 있는데도 불구하고 그 능력을 사용하지 못 하는 것은 자신을 벼룩이 훈련시키기 때문이라고 지글러가 말했습니다. 벼룩이는 자기 몸의 70배까지 치솟을 수 있는 놀라운 존재입니다. 점프의 천재입니다. 그 벼룩이를 병에 넣고 뚜껑을 막았습니다. 벼룩이는 밖으로 나오려고 계속 뛰어올랐습니다. 그러나 아무리 뛰어도 병뚜껑이었습니다. 몇 번을 시도하던 벼룩이는 병 밑에 가만히 앉아 있습니다. 벼룩이의 생각은 무엇일까요?

"아! 내 능력은 병뚜껑이로구나! 아무리 뛰어 보아야 나는 병뚜껑 이상을 뛸 수가 없구나! 가만히 있는 것이 좋겠다. 뛰어 봐야 나만 고생스럽다."

이것이 벼룩이의 생각입니다. 이때 병뚜껑을 열었습니다. 이제는 천장까지 뛸 수 있는 절호의 기회가 온 것입니다. 그러나 벼룩이는 병뚜껑이 열린 병을 빤히 올려다보면서도 뛰어오르지 않고 가만히 있습니다. 벼룩이는 속으로 이렇게 생각하는 것입니다.

"병뚜껑이 열렸구나! 그러나 나는 뛰어 보아야 병뚜껑이야. 아까도 수없이 뛰어 보았잖아."

벼룩이는 자기 능력을 파묻어 두고 만 거룩한 도둑놈이 된 것입니다.

과거에 안 되었고 지금 안 된다는 법이 어디 있습니까? 저 사람이 안 된다고 나도 안 된다는 논리가 어디 있습니까? 어제 안 되었으니 오늘 안 될 것이라고 가만히 있는 이들이 바로 거룩한 도둑놈들입니다.

2. 코끼리 훈련법

미국 성공 동기 훈련원(SMI) 원장 폴 마이어는 사람들이 거룩한 도둑놈이 되는 이유를 코끼리 훈련법에서 찾았습니다.

서커스단에서 코끼리를 온순하게 길들여 부리는 것을 우리는 종종 볼 수 있습니다. 코끼리는 코로 1톤 정도를 들 수 있는 능력이 주어져 있습니다. 그런데 그 코끼리를 서커스단에서 재주를 부리게 하려고 훈련시킬 때 조련사는 이렇게 합니다. 처음에는 단단한 말뚝에 코끼리를 단단한 밧줄로 묶어 둡니다. 처음에 코끼리는 벗어나려고 몸부림칩니다. 그러나 아무리 몸부림 쳐 봐도 소용이 없습니다. 시간이 지나면서 말뚝은 적은 것으로 밧줄은 가늘어져 갑니다. 나중에는 성냥개비만 한 말뚝에 실오라기로 그 큰 코끼리를 묶어 두어도 코끼리는 가만히 있습니다. 코끼리는 이렇게 생각하고 있습니다.

"나는 이렇게 말뚝에 줄을 매어 두면 꼼짝 못 하는 것이다. 몸부림쳐 보아야 소용없다. 아예 가만히 있는 것이 좋다."

드디어 코끼리는 자기 능력을 자기가 제한하기 시작합니다. 자기의 놀라운 능력을 파묻어 두고 사는 거룩한 도둑놈이 된 순간입니다.

3. 메기 훈련법

이미 언급한 대로 사람들에게는 엄청난 능력이 이미 주어져 있음에도 불구하고 거룩한 도둑놈이 되는 이유 중에 하나는 스스로 메기 훈련을 시키고 있기 때문입니다.

금붕어 어항에 가운데 유리 벽을 막아 둡니다. 그리고 한쪽에는 금붕어를 기릅니다. 다른 쪽에는 메기를 넣었습니다. 금붕어에게는 먹이를 줍니다. 그러나 메기에게는 먹이를 주지 않았습니다. 그랬더니 메기는 배가 고파지자 금붕어들이 있는 곳으로 쏜살같이 달려갑니다. 금붕어를 잡아먹으려는 시도입니다. 그러나 가운데 있는 유리 벽에 주둥이를 부딪쳐 아픔을 참으며 있던 자리로 물러납니다. 이런 행동이 반복됩니다. 계속 주둥이에 통증을 느끼던 메기는 드디어 금붕어를 잡아먹기를 포기합니다. 한쪽에 움직이지 않고 가만히 있습니다. 이때 가운데를 막고 있는 유리를 들어냅니다. 이제는 금붕어를 먹을 수 있는 절호의 기회입니다. 그러나 메기는 움직이지 않습니다. 메기 생각은 무엇일까요?

"나는 저쪽에 있는 금붕어를 먹을 수 없다. 저 금붕어를 먹으려고 하다가는 주둥이만 아픈 것이다."

드디어 메기는 스스로를 거룩한 도둑놈으로 훈련을 끝냈습니다. 이렇게 하여 사람들은 스스로를 거룩한 도둑놈으로 만들어 갑니다. 어제 안 되었으니 오늘도 안 될 것이라고 생각합니다. 그때 안 된 것은 미래에도 안 되는 것이라고 여깁니다.

4. 강아지 훈련법

강아지에게 전기 충격을 줍니다. 한 그룹에게는 피할 길을 주면서 전기 충격을 주었습니다. 강아지들은 전기 충격만 주면 피하였습니다.

그런데 다른 한 그룹 강아지는 묶어 놓고 전기 충격을 주었습니다. 전기 충격을 주어도 꼼짝 못 하였습니다. 이제 풀어 놓고 전기 충격을 주었습니다. 도망갈 수 있는데도 가만히 당하고만 있었습니다. 학습된 중독입니다.

결심다운 결심을 하려면 어떻게 하면 됩니까? 결심 중독에 빠지지 않으려면 어떻게 하면 될까요?

먼저 성경에서 가장 결심이 굳은 사람 한 사람을 등장시켜 그의 결심을 보려고 합니다.

엘리멜렉이라는 남자와 나오미라는 여자가 결혼하였습니다. 행복한 결혼생활이었습니다. 아들만 둘을 낳았습니다. 말론과 기룐이었습니다. 그러나 고향에 흉년이 들어서 부득이 그 땅을 떠나지 않으면 굶어 죽게 되었습니다. 네 식구는 흉년을 피하여 모압 땅으로 이민을 갔습니다. 이곳에서 비참한 아픔이 시작되었습니다. 사랑하는 남편이 세상을 떠났습니다. 나오미는 남편이 이 세상에 없는 동안에 두 아들을 결혼시켜 두 자부를 맞이하였습니다. 10년가량 새로운 시절이 흘렀습니다. 청천벽력 같은 사건이 또 생겼습니다. 두 아들이 죽고 말았습니다. 이제는 세 과부만 남은 가정이 되었습니다. 남편 생각, 두 아들 생각, 고향 생각 모두가 아픔이었습니다.

나오미는 고향으로 돌아가려고 결심하였습니다. 두 자부에게 돌아가라고 하였습니다. 오르바는 돌아갔습니다. 오르바의 뜻은 '등을 돌리다'라는 뜻입니다. 그러나 룻은 따라가겠다고 하였습니다. 시어머니가 말했습니다.

> 어찌 남편 없이 지내겠다고 결심하겠느냐? (룻기 1:13)

룻이 그의 결심을 말했습니다.

> 어머니께서 가시는 곳에 나도 가고 어머니께서 머무시는 곳에서 나도 머물겠나이다. 어머니의 백성이 나의 백성이 되고 어머니의 하나님이

> 나의 하나님이 되시리니 어머니께서 죽으시는 곳에서 나도 죽어 거기 묻힐 것이라 만일 내가 죽는 일 외에 어머니를 떠나면 여호와께서 내게 벌을 내리시고 더 내리시기를 원하나이다. (룻기 1:16-17)

나오미는 이렇게 결론을 내립니다.

> 나오미가 룻이 자기와 함께 가기로 굳게 결심함을 보고 그에게 말하기를 그치니라. (룻기 1:18)

결심 중독에 걸리지 않으려면 어떻게 하여야 하나요? 룻처럼 하면 됩니다.

1. 말에 책임을 지려는 자세를 가져야 합니다.

말하는 것은 자유입니다. 그러나 한 번 한 말은 책임지려는 자세를 가지면 결심 중독증에 걸리지 않습니다.

자기 말에 자기가 책임지는 습관을 가지면 함부로 결심하지 않게 됩니다.

룻이 이런 모습을 보여 주고 있습니다. 룻은 기룐과 결혼하였습니다. 어느 나라나 마찬가지입니다. 결혼할 때에는 죽음이 나눌 때까지 사랑하기로 서약하게 됩니다. 한 번 결혼은 영원한 결혼입니다. 큰 자부 오르바는 남편이 죽었다고 그 가정을 떠났습니다. 그러나 룻은 한 번 입에서 나간 말에 책임을 졌습니다. 끝까지 변하지 않았습니다.

유대인들의 특징입니다.
"어렵게 말하고 쉽게 일하라."
그래서 말하기가 어렵지 한 번 한 말은 끝까지 책임집니다. 그런데 우리나라는 반대입니다.
"쉽게 말하고 어렵게 일하라."
목수는 세 번 신중하게 잰 후 자를 때에는 단번에 자릅니다. 결심 중독에 걸리지 않으려면 말에 책임지는 훈련을 하여야 합니다.

2. 변함없어야 결심 중독을 피할 수 있습니다.

이미 언급한 대로 오르바는 중간에 변질되었습니다. 그러나 룻은 변함이 없었습니다. 정도의 길을 걸었습니다. 결심 중독이 되지 않았다는 말입니다. 남편도 없는 시어머니 따라가 보아야 평생 뒤치다꺼리입니다. 고생만 합니다. 소망이 없습니다. 그럼에도 불구하고 변함없이 따라나셨습니다. 시어머니 나오미도 말리다가 포기하였음을 성경은 말해 주고 있습니다.

> 나오미가 룻이 자기와 함께 가기로 굳게 결심함을 보고
> 그에게 말하기를 그치니라. (룻기 1:18)

우리나라는 터널 파는 기술이 고도로 발달되었습니다. 그래서 양쪽에서 파도 가운데에서 정확하게 만납니다. 한 치의 오차도 없습니다. 그러나 중국은 터널 파는 기술이 발달되지 못하여 양쪽에서 파면 안 만납니다. 그러나 끝까지 파고 둘 팠다고 말한답니다. 한 번 시작한 일은 끝까지 하여야 합니다.

다마레이 장군 이야기입니다.

그는 적군들에게 완전히 패배하였습니다. 부하들을 모두 잃었습니다. 그는 동굴로 들어가서 슬픔을 이기지 못하여 자살하려고 칼을 배에 댔습니다. 순간적으로 앞에 나타난 것이 개미였습니다. 개미는 자기보다 큰 먹이를 물고 가는 것이었습니다. 쓰러지면 또 일어나서 가고 또 쓰러지면 일어나서 가는 것이었습니다. 신기하여 따라가 보았습니다. 79번 실패하고 다시 일어나는 것이었습니다. 80번째 성공하는 것이었습니다. 다마레이 장군은 외쳤습니다.

"나는 이제 겨우 한 번 실패하였지 않냐?"

다시 일어섰습니다. 승리하였습니다.

개미 한 마리에서도 교훈을 얻어 한 나라의 운명을 바꿀 수가 있었습니다. 실패할 수 있습니다. 그러나 실패는 주저앉으라는 신호가 아니라 이런 곳이 있으니 다른 곳으로 가라는 이정표입니다

미국과 영국 사이에 통신 케이블을 연결시킨 사람은 시러스 필드

라는 사람이었습니다. 지금부터 100년 전에 이미 이런 생각을 하였으니 정말 생각이 큰 사람이었습니다. 그 넓은 대서양에 전선을 깔아 미국과 영국 사이에 통신을 원활하게 한다는 것은 인류 문명에 지대한 공헌을 하는 것이었습니다. 그러나 그 작업은 순조로운 것이 아니었습니다.

그는 세 번의 실패 끝에 네 번째 전선을 잇는 데 성공하였습니다.

제1차 실패 - 대서양 500km 지점에서 파도로 인하여 케이블이 끊어지고 말았습니다.

제2차 실패 - 1년 후에 다시 시작하였습니다. 이번에는 더 굵은 줄을 사용하여 성공하였습니다. 양국 사이에 통화가 가능하였습니다. 그러나 거친 바다에서 견디지 못하고 또 끊어지고 말았습니다.

제3차 실패 - 필드는 결코 포기하지 않았습니다. 그 후 7년째 되던 해에 다시 한 번 케이블을 깔았습니다. 그러나 또다시 실패의 고배를 마셔야 했습니다. 필드는 기어코 완성하고야 말겠다는 의지를 불태웠습니다. 수년 후, 이제는 여러 번의 실패를 보완하여 완벽한 케이블을 설치하였습니다. 실로 감격적인 순간이었습니다.

이제는 영국과 미국 사이에 통신에 아무런 이상이 없어졌습니다. 실패 없이 완성은 없습니다.

열 번 찍어 안 넘어가는 나무는 없습니다.

에디슨은 전기 필라멘트 실험을 성공시키기까지 수만 번 실패를 하였습니다.

매튜 헨리 주석은 많은 목회자들이 사랑하는 주석입니다. 지금도 이 주석을 읽을 때에는 무릎을 꿇고 읽는 이들이 많다고 합니다. 수많은 역경과 어려움에도 불구하고 40년을 한결같이 써 내려간 책입니다.

세잔느도 일생 동안 사과 그림을 그렸습니다. 그는 늙어서 이렇게 고백하였습니다.

"만년에 이르러서야 비로소 사과 그림을 그릴 수 있게 되었습니다."

코모도어 밴더빌트는 대부분 사람들이 은퇴하는 나이인 70이 넘었을 때 철도 회사를 만들어 대성한 사람입니다.

티치아노는 98세에 거작 『레판토의 전쟁』을 그렸습니다. 그리고 99세에 『마지막 만찬』을 그렸습니다.

미켈란젤로도 80살이 넘어서야 대작을 만들기 시작하였습니다.

모네도 85세 이후에 그의 거작을 그려 냈습니다. 실패 없이, 그리고 어려움 없이 어떤 일을 완성한 이는 역사상 한 명도 없었습니다.

일본에서 있었던 일이었습니다. 일본에서 제일 유명한 의사가 "나는 지금까지 23% 오진하였다"라고 발표하였습니다. 의사들도 놀라고 사람들도 놀랐다는 것입니다. 의사들은 "그것밖에 안 되냐?"라고 놀랐습니다. 사람들은 "그렇게 유명한 의사가 그렇게 오진하느냐?"라며 놀랐다는 것입니다. 안 되는 일이 반복되어도 포기하면 안됩니다.

미국 서부에 금이 많이 발견된다는 소문을 듣고 그는 삼촌과 둘이 일확천금의 꿈을 안고 서부로 갔습니다. 삽과 곡괭이로 땅을 파기 시작하였습니다. 얼마 후 그들은 꿈을 이루었습니다. 드디어 광맥을 찾아낸 것입니다. 그들은 조용히 그 땅을 표시 나지 않게 덮었습니다. 그리고 메릴랜드주 윌리엄즈버그 고향으로 돌아와 친척들에게 이 소식을 알리면서 재산을 정리하여 같이 가자고 권유하였습니다. 이 소식을 들은 사람들은 기뻐하면서 재산을 정리하였습니다. 그리고 채굴 도구들을 싣고 애리조나주로 달렸습니다. 일주일이 걸렸습니다. 그들은 금을 캐기 시작하였습니다. 양질의 금이 채굴되었습니다. 무지개빛같이 영롱한 꿈이 이글거리기 시작하였습니다. 실제로 많은 돈을 벌어들였습니다.

그러던 어느 날이었습니다. 이변이 일어났습니다. 광맥이 갑자기 사라진 것이었습니다. 계속 다시 찾아보았으나 헛수고였습니다. 그동안 번 돈을 모조리 투자하였습니다. 도저히 다시 광맥을 찾을 수가 없었습니다. 그들은 허탈 속에 기계 장비를 불과 수백 불에 팔아 버리고 고향으로 돌아왔습니다.

한편 그 채굴기를 산 고물상 주인은 광산 기술자를 데리고 그곳에 가서 정밀 검사를 시켰습니다. 전문가인 그들은 먼저 사람들이 광맥에 대한 지식이 전혀 없이 무턱대고 파기만 하였다는 사실을 알아냈습니다. 그리고 한 곳을 지시하여 주었습니다. 곡괭이가 꽂혀 있는 곳이었습니다.

그 곡괭이를 당겨서 그곳을 불과 90cm만 더 팠을 때 노다지가 나오기 시작하였습니다. 그래서 그들은 부자가 되었습니다.

이 소식을 들은 그는 유명한 말을 남겼습니다.

"No 할 때 On 하시오."(그만두고 싶을 때 한 번 더 시도하시오)

그는 생계가 막막하여 생명보험 회사에 취직하였습니다. 세일즈맨이 되어 누구에게 권면하다가 거절당하면 찰거머리 같은 끈기를 가지고 매달렸습니다.

"No 할 때 On 하시오"라는 말을 늘 생각하였습니다. "조금만 더 하였으면 되는데…"라는 생각을 지우지 않았습니다. 그래서 미국 최고의 세일즈맨이 되었습니다.

나폴레온 힐이 미국이 배출한 큰 인물 500명의 특징을 조사하였습니다. 그 결과는 이런 것이었습니다.

"위대한 성공은 패배가 자기들을 엄습한 바로 그 자리에서 한 발짝 너머에서 왔다."

그렇습니다.

결심 중독증에 걸리지 않으려면 꾸준히 하여야 합니다. 도중에 어려움이 있어도 중단하면 안됩니다.

3. 긍정적인 언어를 입에 담아야 합니다.

말에는 신비한 힘이 있습니다. 그래서 결심을 하고 항상 긍정적인 말을 하여야 합니다.

1) 말에는 성취력이 있습니다.

말을 뱉어 놓으면 그 말에는 성취력이 있어서, 그 말 한 후부터 그 역사가 일어나게 됩니다. 대표적인 이야기가 한나 이야기입니다. 아이를 낳지 못하는 한나에게 엘리 제사장이 말했습니다.

> 평안히 가라. 이스라엘의 하나님이 네가 기도하여 구한 것을
> 허락하시기를 원하노라. (사무엘상 1:17)

이 말을 믿음으로 받았습니다. 그 말이 씨가 되어 아들 사무엘을 낳았습니다. 말에는 성취력이 있습니다.

어떤 처녀에게 점쟁이가 말했습니다.

"너는 시집가서 잘 살기는 틀렸다."

그 처녀는 좋은 일이 일어나도 "언젠가는 틀려질 거야. 잠시 잘되는 것뿐이야"라고 비관하였습니다. 잘 안 되면 "점쟁이 말이 맞아! 난 틀렸어!"라고 생각하였습니다. 결국 그 처녀는 폐인이 되고 말았습니다. 말에는 성취력이 있기에 긍정적인 말이 요구됩니다. 말에는 성취력이 있습니다.

2) 말에는 출발력이 있습니다.

말한 다음부터 출발이 됩니다. 성취력이 있는 말은 그 순간부터 시작되는 것입니다. 예수님이 무화과나무를 저주하신 이야기를 보면 이 증거가 됩니다.

예수님께서 예루살렘에 이르러 성전에 들어가사 모든 것을 둘러 보시고 나니 저물었습니다. 배고픈 배를 움켜쥐고 베다니에 가셔서 머무셨습니다. 그리고 그 이튿날 아침에 길을 떠나셨습니다. 무화과나무가 있었는데 열매가 없었습니다. 열매가 있으면 배가 고파서 따먹으려고 하던 중이었습니다. 예수께서 나무에게 말씀하셨습니다.

이제부터 영원토록 사람이 네게서 열매를 따 먹지 못하리라.
(마가복음 11:14)

이른 아침이었습니다. 이 일 저 일을 마치고 저녁이 되었습니다. 예수님이 제자들을 데리고 가는 길에, 그 무화과나무가 말라 가는 것을 제자들이 보았습니다. 그런데 뿌리부터 말라 가는 것이었습니다(막 11:20). 잎부터 마르면 당연한 것인데 뿌리부터 마른 것은 정말 이상한 것이었습니다. 말은 출발력이 있습니다.

3) 말에는 견인력이 있습니다.

말은 기적을 끌고 오는 힘이 있습니다. 지남철에는 철을 끌어 오는 힘이 있습니다. 아브라함 이야기가 이를 잘 나타내 주고 있습니다.

아브라함에게 하나님께서 100살에 난 아들 이삭을 번제로 드리라고 명령하셨습니다. 성경에 있는 제사 중에 가장 비참한 제사가 번제입니다. 아브라함은 이삭을 데리고 모리아산으로 갔습니다. 3일 길이었습니다. 두 사환도 갔습니다. 산 밑에서 아브라함은 사환들에게 말했습니다.

"너는 나귀와 함께 여기서 기다리라. 내가 아이와 함께 저기 가서 경배하고 너희에게로 돌아오리라."

원어를 보면 '함께'라는 말이 '돌아온다'는 말에 연결되어 있습니다. 이삭을 죽이러 가면서도 이삭과 함께 오겠다고 말하였습니다. 아브라함이 이삭만 데리고 올라가는데 이삭이 물었습니다.

"불과 나무는 있거니와 번제할 어린 양은 어디 있나이까?"

아브라함은 또 말했습니다.

아들아! 번제할 어린 양은 하나님이 자기를 위하여 친히 준비하시리라.
(창세기 22:8)

아브라함은 모리아산으로 올라가면서 엉뚱한 말을 두 마디나 하였습니다. 하나님은 그 두 말을 그대로 이루어 주셨습니다. 하나님은 믿음의 사람의 믿음의 말을 책임져 주시는 분이십니다.

4) 말에는 구속력이 있습니다.
솔로몬이 말했습니다.

내 아들아, 네가 만일 이웃을 위하여 담보하며 타인을 위하여 보증하였으면 네 입의 말로 네가 얽혔으며 네 입의 말로 인하여 잡히게 되었느니라. (잠언 6:1-2)

5) 말에는 승리력이 있습니다.
말은 승리하게 하는 힘이 있습니다. 그렇기에 말 잘하는 이가 승리하게 됩니다.
다니엘을 보면 확실히 알 수 있습니다.
다니엘이 바벨론 포로로 잡혀 갔을 때였습니다. 왕은 자기 상을 만들어 놓고 나팔 소리가 나면 그 상에 절하라고 하였습니다. 만일 절하지 않으면 불속에 넣겠다고 하였습니다. 그러나 다니엘과 세 친구는 절하지 않았습니다. 왕은 그들을 불속에 넣어 죽이기가 아까워서 지금이라도 절하면 살려 주겠다고 하였습니다. 그러나 세 명은 말했습니다.

느부갓네살이여, 우리가 이 일에 대하여 왕에게 대답할 필요가 없나이다.

> 만일 그럴 것이면 왕이여, 우리가 섬기는 우리 하나님이 우리를 극렬히 타는 풀무 가운데서 능히 건져 내시겠고 왕의 손에서도 건져 내시리이다. 그리 아니하실지라도 왕이여, 우리가 왕의 신들을 섬기지도 아니하고 왕의 세우신 금 신상에게 절하지도 아니할 줄을 아옵소서.
>
> (다니엘 3:16-18)

화가 난 왕이 세 명을 불속에 넣었지만 그들은 타지 않았습니다. 그래서 다시 살렸습니다. 불속에 들어가도 능히 건져낼 것이라고 말했습니다. 그 말대로 되었습니다. 말은 승리력이 있습니다.

스님이 절에 도를 닦으러 들어갔습니다. 재래식 화장실이 불편하였습니다. 똥물이 튀어 오르기 때문입니다. 선배 스님들이 어떻게 하나 관찰하였습니다.

1년 된 스님은 볏짚을 가지고 들어가서 놓고 변을 보았습니다.
10년 된 스님은 줄을 타고 변을 보면서 움직였습니다.
20년 된 스님은 항문을 잘 조절하여 가늘게 변을 보았습니다.
30년 된 스님은 정조준하여 한 자리에만 변을 쌓았습니다.
가장 큰 스님은 변을 보고 엉덩이를 피하였습니다.
프로일수록 단순합니다. 언어가 긍정적입니다. 룻의 언어는 간결합니다. 정확합니다. 그리고 미래 소망적입니다.

> 어머니께서 가시는 곳에 나도 가고 어머니께서 머무시는 곳에서 나도 머물겠나이다. 어머니의 백성이 나의 백성이 되고 어머니의 하나님이 나의 하나님이 되시리니 어머니께서 죽으시는 곳에서 나도 죽어 거기 묻힐 것이라. 만일 내가 죽는 일 외에 어머니를 떠나면 여호와께서 내게 벌을 내리시고 더 내리시기를 원하나이다.
>
> (룻기 1:16-17)

4. 결심이 결심답지 못하면 하나님이 벌 주실 것을 알아야 합니다. 그러면 결심 중독에 걸리지 않습니다. 룻은 말하고 있습니다.

만일 내가 죽는 일 외에 어머니를 떠나면 여호와께서 내게 벌을 내리시고 더 내리시기를 원하나이다. (룻기 1:17)

하나님을 두려워하는 사람은 결심 중독에 걸리지 않습니다. 결심한 대로 하기 때문입니다. 룻이 그랬습니다. 결심하고 "차차 하겠다, 나중에 하겠다, 내일 하겠다" 하는 자세는 결심 중독이 되게 합니다. 하나님을 두려워하며 지금 하여야 합니다.

9살 형과 7살 동생이 말합니다.
"형! 내일이 뭐야?"
"하루 자고 나면 내일이야."

하루 자고 일어나서 동생이 형에게 물었습니다.

"하루 자고 났으니 오늘이 내일이야?"

"하루 자고 나면 내일이야."

그다음 날도 또 그렇습니다. 나중에 형이 말합니다.

"임마! 내일은 없어. 오늘만 있어."

그렇습니다. 내일은 영원히 내일입니다. 내일은 없습니다. 결심은 오늘 행동으로 옮겨야 합니다.

5. 남 따라 살지 말아야 결심 중독되지 않습니다.

오르바는 간다고 하여도 룻은 가지 않았습니다. 룻은 남 따라 살지 않았습니다. 유행 따라 살지 않습니다.

이 세상에 나는 나 하나밖에 없습니다. 그래서 우리는 누구를 따라 살지 말고 나대로 살겠다고 룻처럼 결심하여야 합니다. 룻은 오르바를 따라 살지 않았습니다. 내 길을 가지 않고 다른 사람의 길을 가려고 하니까 결심이 무너지고 결심 중독이 됩니다.

무디가 아브라함처럼 되게 해 달라고 하나님께 기도하였습니다.

"그러면 아들을 내게 바칠 수 있느냐?"

무디는 못 한다고 대답하였습니다. 그러면서 모세처럼 되게 해 달라고 기도하였습니다.

"모세도 한 사람을 죽였는데 너도 그렇게 할 수 있느냐?"

무디는 살인을 할 수 없다고 대답하였습니다. 그리고 엘리야 같은 위대한 선지자가 되게 해 달라고 간구하였습니다. 하나님은 역시 450명 바알 선지자를 갈멜산에서 죽인 것을 상기시키며 그렇게 할 수 있느냐고 물으셨습니다. 무디는 역시 고개를 좌우로 저었습니다. 그러면서 소리를 질렀습니다.

"하나님! 그러면 나는 누구처럼 되라고 하시는 것입니까?"

그때 하나님의 음성이 준엄하게 들렸습니다.

"너는 너처럼 되거라."

다른 사람을 보지 않고 나는 나처럼 룻같이 걸어갈 때 결심 중독에 걸리지 않을 수 있습니다.

6. 길게 볼 때 결심 중독에 빠지지 않을 수 있습니다.

룻은 결국 축복을 받았습니다. 사람들에게 존경을 받게 되었고, 예수님의 족보 속에 들어오는 여인이 되었습니다. 결심을 바꾸지 않은 사람에 대한 보상입니다.

인생은 100m 달리기가 아닙니다. 인생은 마라톤입니다.

나는 『창끝』이라는 영화를 자주 DVD로 봅니다.

미국의 명문 대학을 졸업한 다섯 명의 젊은이가 있었습니다. 이들 가운데 피트라는 청년은 막 결혼하였습니다. 그러나 그는 신혼

여행을 포기하고 에콰도르 선교에 나섰습니다. 5명 선교사들은 아내들을 데리고 같이 가려다가 아내들을 후방에 남겨두고 상황을 보려고 먼저 들어가기로 하였습니다. 그래서 경비행기를 타고 기독교인이 단 한 명도 없는 아우카 인디언 마을로 들어가게 되었습니다. 1965년 1월 2일 피트 선교사는 아내에게 긴급 무전을 보냈습니다.

"흥분한 인디언들이 몰려오고 있다. 기도해 달라."

그 뒤 연락이 끊어졌습니다. 이튿날 구조대원과 가족들이 현장에 도착하여 보니 5명 선교사들은 싸늘한 시체로 변해 있었습니다. 그들에게는 자신들을 보호할 수 있는 총과 무기를 가지고 있었습니다. 그러나 그것을 사용한 흔적은 보이지 않았습니다. 5명 모두가 인디언들에 의해 순교를 당하고 말았습니다. 인디언들이 창끝으로 찔러 죽였습니다. 그런데 선교사들 손에는 총알이 들어 있는 총이 그대로 있었습니다. 선교사들은 이렇게 외치면서 죽었던 것이 나중에 밝혀졌습니다.

"우리가 총으로 저들을 죽이면 저들은 예수를 믿지 않기에 지옥에 간다. 그러나 우리가 죽으면 우리는 천국에 간다. 상급도 많다. 언젠가 저들이 예수를 믿으면 같이 천국에서 살게 된다. 우리는 영원한 것을 위하여 영원하지 않은 것을 포기하자."

20대의 선교사 부인들은 울부짖으며 한 가지 결심을 하였습니다.

"남편들이 이루지 못한 과업을 우리가 이루자. 우리도 같이 죽어야 하는데 우리를 두고 떠난 것은 우리가 후발대로 들어가라고 하나님이 생명을 주신 것이다. 생명을 주신 하나님의 은혜에 보답하자."

아내들은 모두 아우카 마을로 들어가 그곳에 살면서 복음을 전하였습니다. 그 후 40여 년이 지난 지금 그 마을은 복음의 땅으로 변하였습니다. 선교사들을 살해했던 5명 인디언 가운데 4명은 목사가 되었습니다. 1천여 명의 주민들은 모두 주님을 영접하였습니다.

군함이 파선되었습니다.

군목은 구명정을 안고 물 위에 떠 있었습니다. 그런데 병사 한 명이 구명정 없이 죽어가고 있었습니다.

"자네 예수 믿나?" "아니요."

"나는 예수를 믿기에 지금 죽어도 천국 가네. 자네는 지금 죽으면 지옥 가지. 이 구명정을 줄 터이니 예수 믿고 천국에서 만나."

그리고 구명정을 주고 죽었습니다. 가슴 저린 이야기입니다. 영원을 바라보고 길게 볼 때 결심이 흔들리지 않고 결심 중독을 피할 수 있습니다.

그런데 중요한 것이 있습니다. 결심이 결심되기 위하여는 은혜가 있어야 합니다. 하나님의 은혜가 없으면 결심을 결심되게 할 수가 없습니다.

결심에 하나님의 은혜가 더하여지면 금상첨화가 됩니다. 은쟁반에 금 사과가 됩니다.

나무를 심었는데 비가 온다면 얼마나 축복인가요?
땅을 샀는데 그 땅에서 온천이 터졌다면 얼마나 놀라운 일인가요?
로또 복권을 샀는데 1등으로 당첨이 되었습니다.
산을 헐값에 샀는데 모두 돌덩어리였습니다.
내가 아는 장로님은 강 모래 채취권 허가를 받았는데 홍수가 나서 모래가 산더미처럼 쌓였습니다. 수십억을 벌었습니다.

결심에 하나님의 은혜가 임하면 놀라운 일이 일어납니다. 야곱이 그런 사람이었습니다. 야곱은 라반 외삼촌 집에서 일하기로 결심하였습니다. 그런데 야곱의 결심 위에 하나님의 은혜가 임하였습니다.

그래서 하나님이 야곱에게 엄청난 양이 태어나게 하셨습니다. 그래서 거부가 되어 돌아왔습니다. 성실하기로 결심하였더니 하나님의 은혜가 임하였습니다. 결심에 하나님의 은혜가 임하면 큰 축복이 됩니다. 한 번 결심한 것이 일생을 좌우하는 경우가 종종 있습니다. 그런데 사람들은 결심하고 곧 그 결심을 흐트릴 때가 많습니다.

예를 들면 담배가 몸에 해롭다는 것은 다 잘 압니다. 그래서 해마다 1월이면 담배를 끊기로 결심한 사람들이 많습니다. 그래서 1월이면 담배 판매량이 대폭 줄어듭니다.

1월이면 보통 3억 8천만 갑 담배가 팔립니다. 그러나 2월이 되면 5억 5천 3백만 갑으로 급증합니다. 그래서 어떤 결심을 하느냐는 인생에 대단히 중요한 문제입니다. 결심도 중요하지만 결심 중독에 빠지지 않는 것이 더 중요합니다.

아름다운 전도의 발걸음

교회마다 전도훈련을 인도하는 강신승목사

▌ 붕어빵 굽고 있는 강신승목사

▌ 기본 붕어빵의 2배정도 크기의 대붕

▎ (차별화 전략- 크기도, 맛도 최고)

▎ 매주 토요일 교회 앞에서 붕어빵 전도하는 모습

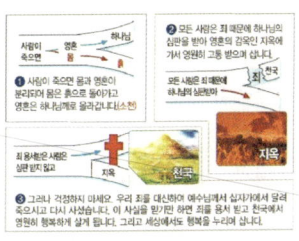

첫 번째 만든 전도지

아름다운 전도의 발걸음

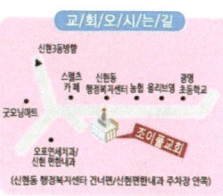

▍ 두 번째 만든 전도지

전도정착훈련원 수료사진

대전한밭제일교회
제 1 기 수 료 식

울산주님의중앙교회
제 5 기 수 료 식

대전중앙침례교회
제 2 기 수 료 식

서산성결교회
제 6 기 수 료 식

대전동심교회
제 3 기 수 료 식

대전소망교회
제 7 기 수 료 식

경주구정교회
제 4 기 수 료 식

신탄진침례교회
제 8 기 수 료 식

전국교회 12주, 8주 전도훈련 수료한 모습

▍ 스케테 수도영성 훈련 모습

불신자! 새신자! 낙심자!
전도 정착을 두배 높이는

BOOK 전도집회 및 세미나

* 대전한밭지방회 회장역임
* 365 반보생활 현장전도, 정착훈련원 원장
* 2017년 김해시 연합회 부활절 강사
* 전국전도부흥집회 강사
* 현 하늘빛교회 담임

강신승 목사
010-8918-3927

예수님은 실존 인물이며 살아계신 하나님

　오늘은 여러분들에게 우리 주 예수 그리스도에 대하여 더 깊이 있게 알려드릴 메시지가 있어서 녹음을 하게 되었습니다. 이 모든 일을 허락해주신 우리 하나님, 그리고 들을 수 있는 길을 주신 우리 하나님, 모든 자가 다 협력하여 하나된 마음으로 하나님 앞에 서게 만들어주신 하나님, 우리 그 하나님께 감사하는 마음으로 오늘 하루를 살아갔으면 좋겠습니다.

　먼저는 어제와 오늘 순교자 반에 새로 들어오신 분들, 예수님의 이름으로 축복합니다. 이제는 본격적으로 여러분들이 하나님 앞에 하나님의 말씀으로 모든 것들을 살아내는 흔적을 아름답게 남기셔서, 그것이 곧 여러분들이 하늘에서 받게 될 상급으로 되돌아올 수 있기를 주님의 이름으로 축복합니다.

　오늘 제가 여러분들에게 드리고자 하는 메시지는 예수님이 실제로 존재했는가에 대한 그 질문을 풀어드리고 싶습니다. 어느 정도 영화나 기본적인 메시지를 통하여 알고는 있겠지만, 제가 여러분들에게 정확하게 알려드리고자 합니다.

일단은 여러분들이 역사적 문서를 통하여서 예수님이 실존 인물이었다는 것을 알게 되시면 지금보다 더 강한 믿음을 가지고 더 확실한 믿음으로 나아갈 거라고 생각합니다. 거기에 고고학적 근거, 이것 또한 역사적 문서로서 뒷받침할 수 있는 굉장히 중요한 역사적 사료가 될 수 있겠습니다. 이 부분도 여러분들에게 함께 설명하도록 하겠습니다.

그리고 무엇보다도 역사적 문서와 고고학적 근거가 성경과의 연결이 되느냐, 사실은 제일 중요한 일이라고 할 수 있겠습니다. 이 세 가지 측면으로 여러분들에게 역사를 전공한 제가 직접 말씀을 드리도록 하겠습니다. 많은 분들이 제가 영어만 전공한 줄 알고 계시지만 사실은 제 전공은 역사도 함께 전공을 했던 것을 여러분들한테 말씀을 드려서, 오늘 전달해드리는 이 메시지에 좀 더 객관적이고 확실한 힘을 실어드리고자 합니다.

결코 자랑이 아닌, 결코 드러냄이 아닌, 이 분야의 전공을 한 사람으로서 여러분들에게 알려드리는 것이니 하나하나 잘 들으시고 더 굳은 믿음, 더 확실한 믿음, 더 아름답고 살아있는 믿음이 될 수 있기를 예수님의 이름으로 축복합니다.

그러면 세 가지 측면 중에서 첫 번째로, 역사적 문서로 보는 우리 예수님의 실존. 여러분들 궁금하지 않으십니까? 예수님에 대한 기록은 성경 이외의 역사 문서에서도 자주 등장하곤 했습니다. 그중에서 대표적인 것은 정말 아주 예전 1세기에서 2세기, 그것도 믿는 자들이 아니라 믿지 않는 비기독교인들의 역사가들에 의한 기록이 었다는 것이 사실은 무엇보다 중요한 관건이라 할 수 있겠습니다. 다시 한번요. 믿지 않는 비기독교인들의 역사가들의 기록입니다.

첫 번째로는 여러분들이 알아야 될 분이 누구냐면, AD 56년부터 120년. 타키투스라는 역사가가 있었는데 이 사람은 로마의 역사학자입니다. 이 사람의 연대기에는 이렇게 기록이 되어 있습니다. "그리스도는 티베리우스 황제 때 본디오 빌라도에 의해 처형되었다." 정확하게 기록이 되어 있는 것입니다. 이것은 예수님이 실존 인물이고, 빌라도 통치하에 있었을 때 십자가형을 받았음을 로마 측에서 확인해주는 굉장한 사실적이고도 객관적인 기록이라 할 수 있겠습니다.

두 번째로는 플리니우스라는 사람의 AD 61년부터 113년까지의 기록에 소아시아 총독으로서 트라이아누스 황제에게 보낸 편지에서 이렇게 보고가 되어 있다고 합니다. 이 편지가 역사 문서에 남아있는 겁니다. "그리스도인들은 그리스도를 신으로 예배하며 도덕적 삶을 살려 노력한다." 이렇게 기록되어 있다는 겁니다. 즉 예수님을 단순한 교사가 아니라 신적인 존재로 예배하고, 그 공동체가 1세기 말에 이미 존재했다는 굉장히 중요한 역사적 근거가 되는 증거입니다.

그리고 여러분들이 많이 알고 있는 정말 대단히 유명한 사람들 중에 손꼽으라 한다면 저는 세 번째로 요세푸스를 들고 싶습니다. 이 요세푸스는 AD 37년부터 100년 사이에 활동했던 정말 중요한 역사가인데요. 이 사람이 유대 역사가로서 『유대교』 18권 3장 3절에 아주 자세하게 이렇게 기록되어 있습니다. "예수라는 지혜로운 사람이 있었다. 그는 놀라운 일을 행하였고 진리를 기쁘게 받는 사람들에게 가르침을 주었다. 그는 그리스도라고 불렸고, 빌라도가 그를 십자가에 못 박았으나 그는 다시 살아났다고 전해진다."

예수 그리스도의 실존이죠. 그리고 십자가형, 제자들의 신앙 ─ 이것이 요세푸스의 본래의 기록으로 다른 역사가들도 인정한다는 거예요. 예수님의 부활까지도 기록되어 있는 정확한 기록 문서입니다.

그리고 네 번째로는 바빌로니아 탈무드에서도 유대의 랍비 문원이기 때문에 예수님에 대한 언급이 분명히 기록되어 있습니다. 어떻게 나왔냐면, "유월절 전날 예수가 교수형을 당했다. 그는 마술을 행하며 이스라엘을 미혹시켰다."

바빌로니아 탈무드에는 비판적 시각으로 예수님이 기록되어 있지만, 분명한 것은 예수 그리스도의 사형과 기적의 행위의 소문을 마술로써 이 사람들이 구부러진 눈으로, 구부러진 입술로 표현했던 것들이 인정된 기록이 정확하게 나타나는 것입니다.

이처럼 예수님의 존재와 빌라도의 재임 시 처형했던 것들, 제자들의 운동이 1세기 말에서 2세기 초의 비기독교 문서 — 그 비기독교 문헌에 여러 차례 언급되고 있다는 것입니다. 그것도 공통적으로, 즉 예수님은 신화가 아니라는 것입니다. 예수님은 실존, 정확하게 계셨던 인물이었다는 것이 역사학계에서도 공통된, 무섭고도 충격적인 결론이라는 겁니다.

그리고 여러분들에게 제가 두 번째 측면에서 말씀드리고 싶은 것은 고고학적 근거입니다. 고고학적 근거에서 예수님은 예수님 본인의 유골이나 물건은 남아있지 않지만, 그분의 시대와 주변 인물들의 실존이 고고학적으로 확인되었다는 것입니다. 당연히 예수님의 유골과 그런 것들이 남아있지 않죠. 부활하셔서 하나님 우편에 앉아계신, 지금도 살아계신, 지금도 우리를 중보하고 계신 예수 그리스도, 참 하나님이시지 않습니까?

그 고고학적 근거의 첫 번째로는 '본디오 빌라도 비문'이라는 거기에 이렇게 기록되어 있답니다. 1961년에 이스라엘 가이사리아 마리티마 유적에서 발견되었는데요. 본디오 빌라도, 즉 유대의 총독인 이 사람의 내용들입니다. "황제 티베리우스를 위하여"라는 비문이라는 기록이 있고, 이것은 신약에 등장하는 빌라도의 실제 존재와 통치 시기를 고고학적으로 입증한 것이죠.

그리고 두 번째로는 '나사렛 비문'입니다. 예수 그리스도의 부활

이후에 유대 지역에서 발견된 무덤 도굴 금지 칙령에 이렇게 기록되어 있다는 겁니다. "무덤에서 시체를 옮기는 자는 사형에 처한다." 학자들은 이것을 예수 그리스도의 부활 사건 이후에 퍼진 시체 도난설에 대한 로마의 대응으로 추정한다고 하죠.

그리고 세 번째로는 '가야바의 뼈단지'. 이것은 1990년 예루살렘 남쪽에서 발견된 제사장 가야바의 석관이에요. '요셉의 아들 가야바'라는 글씨가 분명하게 새겨져 있고, 예수 그리스도의 재판 때 대제사장 가야바의 실존을 증명하는 고고학적 증거라고 볼 수 있는 것이죠.

놀랍지 않습니까? 너무너무 충격적이지 않습니까? 제가 여러분들에게 우리 예수님을 자랑하고 싶어요. 우리 예수님을 나타내고 싶어요. 우리 예수님을 드러내고 싶어요. 여러분들, 너무 완벽하고 너무 최고이신 그분. 그분을 증거하고 복음을 전하고, 여러분들이 이렇게 '읽는 기도책'으로 기도하며, '읽는 기도책'으로 전도를 하며, '읽는 기도책'을 통하여 여러분들이 살아나고 다른 사람들을 살리려 하는 모든 것들을 다 주님이 지켜보고 계시고, 실존하셨던 그분이 이제 영원히 하나님의 보좌 우편에 계시면서 다시 우리를 데리러 오신다는 거예요.

성경과의 연관성으로도 제가 세 번째 측면으로 말씀을 드릴 수가 있어요. 성경은 단순한 신앙의 문서가 아니에요. 다른 종교처럼 어떤 인간의 고백의 글이 아니라는 거예요. 역사 속에서 일어난 사건을 기록한, 1세기 유대와 로마 시대의 역사 문헌이 바로 성경이라는 것입니다.

첫 번째로 누가복음 3장 1절에서 2절에 보면 "디베료 황제가 통치한 지 열다섯 해, 본디오 빌라도가 유대의 총독으로, 대제사장은 안나스와 가야바라." 이렇게 기록되어 있어요. 성경의 기록에 이런 구절은, 제가 여러분들에게 방금 말씀드린 고고학 자료들과 정확하게 일치하지 않습니까?

두 번째로는 요한복음 19장 19절이에요. "빌라도가 패를 써서 십자가 위에 붙이니 '유대인의 왕 나사렛 예수라' 하였더라." 이것은 빌라도의 존재는 이미 비문으로 나타나 있고, 나사렛은 고고학적으로 실제 한 마을임이 확인되었다는 사실이에요. 얼마나 정말 충격적인 사실입니까?

그뿐이 아니에요. 사도행전 26장 26절에 보면 "이 일은 한 구석에서 행한 것이 아닌 일이다." 즉 사도 바울의 말처럼 예수님의 생애와 죽음과 그분의 부활은 공공연히 로마 제국 안에서 일어난 역사적 사건이었다는 거예요.

그리고 여러분들이 꼭 참고하셔야 될 말씀 중에 고린도전서 15장 2절부터 8절까지예요. 거기 보면 "너희가 만일 내가 전한 그 말을 굳게 지키고 헛되이 믿지 아니하였다면 그로 말미암아 구원을 받으리라." 예수 그리스도로 말미암아 구원을 받는다는 거예요.

"내가 받은 것을 먼저 너희에게 전하였노니, 이는 성경대로 예수 그리스도께서 우리를 위하여 죽으시고 장사 지낸 바 되셨다가, 성경대로 사흘 만에 다시 살아나셨다는 겁니다."

여러분들, 내 기분이, 내 감정이, 내 상황이 안 좋을지라도 예수님은 부활하셨어요. 예수님은 살아나셨어요. 따라서 기분 안 좋은 감정을 버리세요.

따라서 염려와 근심과 걱정은 없어도 되는 거예요. 왜냐하면 예수님이 살아나시고 부활하신 것이 사실적인 진리이고, 이제 우리도 부활된 몸으로 첫째 부활에 참여하여 영원히 그분과 함께 영광 가운데 있을 것이기 때문이예요.

그 후에 주님은 게바에게 보이시고, 후에 열두 제자에게, 그 후에 오백여 형제에게 일시에 보이셨나니 ─ 이런 표현이 나와요.

일시에라는 것은 영어로 at one time이에요. 한꺼번에 보이신 거예요. 왜냐하면 부활된 몸이니까 완벽한 몸이니까, 그리고 순간이동도 하실 수 있으니까 최고의 몸인 거예요. 그 최고의 몸으로 여러분들도 변화되어 이제 구름 속으로 끌어올려가서 하나님과 함께 영원히 하실 수 있는 거예요.

그 오백여 명에게 다 보이셨고, 그중에 지금까지 대다수는 살아 있고 어떤 사람은 잠들어 있다고 6절에 기록되어 있어요. 7절, 8절에는 그 후에 또 야고보에게도 보이셨고, 그 후에 또 모든 사도에게와 맨 나중에 만삭되지 못하여 난 자 같은 내게도 보이셨느니라 하면서, 나는 사도 중에 가장 작은 자라, 나는 하나님의 교회를 박해하였으므로 사도라 칭함받기를 감당하지 못할 자라고 이렇게 고백을 하고 있는 겁니다.

여러분들, 사도 바울과 저와 제자들과 그 당시 오백 명에게 보인 모든 사람들과 '읽는기도 군단'에 이르기까지 우리 예수예수교회에 속한 모든 분들에게도 우리가 우리 된 것은 다 하나님의 은혜로 된 것 아니겠습니까? 우리에게 주신 그 주님의 은혜가 헛되지 아니하였고, 우리가 하나님 앞에 어떤 수고도 할 수도 있고, 어떤 어려움을 겪을 수도 있고, 어떤 희생과 눈물과 고난과 외로움의 길을 갈 수 있겠지만, 이것은 내 안의 성령께서, 이것은 내 안의 그리스도께서 한 것이요, 오직 나와 함께하신 하나님의 은혜로 된 것이라는 것을 믿음으로 고백하실 수 있는 여러분들 되시기를 주님의 이름으로 축복합니다.

여러분들, 예수님은 부활하셨어요. 그리스도는 다시 살아나셨어요. 그렇기 때문에 우리는 하나님 앞에 그 소망과 믿음이 실상으로 와닿아야 되고, 역사적으로도 증명이 된 것이며, 이렇게까지 하나님께서 예수님은 단순한 신화나 상징이 아니라 1세기 팔레스타인에 실제로 존재한 어마어마하고 정말 소망이 되며 우리에게 기쁨이 되는 존재로서 존재한 최고의 실존 인물이라는 것입니다.

주님의 행적을 기록한 성경은 역사적 사실 위에 세워진 신앙의 문서요, 살아있는 문서요, 생명 있는 문서요, 활력 있고 지금도 그 말씀이 살아 움직이는, 그래서 나의 마음과 심령과 골수를 쪼개기까지 하는 아버지의 말씀이라는 것입니다. 이 예수님이 부활하셨고, 이 부활한 사건이 실제 역사적으로 신뢰할 수 있는 것입니다.

또 많은 사람들이 '역사적으로 신뢰할 수 있는가?'에 대한 의문을 품고, 실제 그 유명한 아이비리그 대학에서도 그 교수님들도 다 예수님을 인정하게 될 수밖에 없었다고 합니다. 이 부분을 여러분들에게 역사적, 문화적으로 하나씩 제가 살펴보면서 알려주는 시간을 가져보도록 하겠습니다.

첫 번째로는 예수님의 부활은 역사적 주장이었다는 말이 있습니다. 예수님에 대한 수많은 고대 종교나 신화적 인물, 그런 사람들과의 가장 큰 차이는 부활이 신화적 상징이 아니라 실제 역사적 사건으로 선포되었다는 점이에요. 초기 기독교에서 예수님이 다시 살아나셨다는 역사적 사실 주장 위에 세우셨다는 거예요.

사도행전의 모든 설교의 핵심은 예수님을 하나님이 살리셨다는 거였어요. "이 예수를 하나님이 살리신지라, 우리가 다 이 일의 증인이로다"라고 사도행전 2장 32절에 명확하게 기록되어 있는 겁니다.

두 번째로, 역사적으로 신뢰할 수 있는 부활의 핵심 증거 다섯 가지가 이미 여러분들에게 앞에서도 얘기했지만 다시 한번 살펴보자면, 예수님의 죽음이 확실하신 거예요. 로마의 십자가형은 가장 잔혹하고, 그 당시에 확실한 사형제도였습니다.

예수님은 본디오 빌라도 그 치하에서 공적으로 처형되셨고, 로마 병사들이 죽었음을 확인하였다고 요한복음 19장 33절에서 34절에 기록되어 있죠. 그리고 나중에 창으로 옆구리를 찔러 피와 물이 흘러나오셨습니다. 학자들은 예수께서 죽지 않았을 가능성을 역사적으로 0%로 보고 있어요.(예수님은 성경의 예언대로 십자가에서 완전히 죽으신 후 삼일만에 다시 살아나신 사건) 이거는 믿지 않는 비기독교 교수님들도 인정하는 거예요. 교수님들 자체가 역사학자들이 아닙니까?

그리고 두 번째로, 무덤이 비어 있었고 예수님은 아리마대 요셉의 무덤에 장사 되었다는 게 마태복음에 기록되어 있죠. 사흘 뒤에 그 무덤이 비어있다는 사실은 기독교인과 비기독교인 양쪽 모두가 인정하는 초기 전승입니다.

비기독교적 증거는 마태복음 28장 13절에 "그 제자들이 밤에 와서 시체를 가져가려고 했다"는 소문이 퍼졌다고 했고, 이것은 당시 유대 지도자들도 무덤이 비어있었다는 사실 자체를 부정할 수 없었다는 거죠. 아까 말씀드린 대로 나사렛 비문, 거기 역시 무덤 도굴 금지 칙령이 AD 30~40년경에 기록되어 있다는 거예요.

이 시기 예루살렘 지역에 시체 도난 논란이 있었음을 정확하게, 명확하게, 확실하게, 객관적으로 암시한다는 거죠. 그리고 무엇보다도 여러분들, 베드로를 보세요. 요한을 보세요. 그 사람들은 얼마나 나약했습니까? 믿음 없던 도마를 보세요. 하지만 그들이 부활 후에 제자들의 급격한 변화는, 예수님이 죽은 제자들을 어떻게 하셨어요? 다시 부활 사건을 보여주시면서 확실한 믿음으로 정확하게 눈에 보이게 해주셨다는 거죠.

그렇기 때문에 이 변화의 원인은 단순한 믿음의 열정, 사람의 열정, 나의 열심이 아니라 예수님의 부활 사건이 아니면 절대로 변화될 수가 없는 것입니다.

옥스퍼드 대학에서도 역사학자 E.P. 샌더스가 이렇게 얘기합니다. "그들은 예수가 부활했다고 믿었고, 그 믿음이 그들의 삶을 완전히 바꿨다." 그들은 바로 제자들이에요. 그 제자들의 행동은 그 믿음이 실제 사건에 기초하고, 그 실제 사건은 부활이며 살아나신 것이며, 그것을 강하게 시사하고 있다고 옥스퍼드 대학에서 이렇게 공개적으로 발표를 했다는 겁니다.

여러분들에게 제가 고린도전서 15장 말씀드린 것처럼 정말 최고의 증언이죠. 500명 이상의 목격자 증언 — 이거는 어떻게 속일 수도 없는 거예요. 만들 수도 없는 거예요. 왜냐하면 아까 제가 영어로 말씀드렸잖아요. At one time. At one time은 일시에 보이신 거예요.

그걸 뭘로 설명하겠습니까? 한 명 한 명 따로따로 만난 것도 대단한 건데, 일시에 보이신 거죠. "그리스도께서 성경대로 죽으시고 장사되었다가 성경대로 사흘 만에 다시 살아나셔서 이 사람들, 그 오백여 명에게 일시에 보였다"는데, 그 중 대다수가 살아있다는 거예요. 지금도.

그럼 그 당시에 이 서신은 예수 그리스도께서 죽으신 다음에 약 20년 이내, 즉 AD 50년경에 쓰여졌던 거고, 목격자 대부분이 아직 생존 중이었다는 것이기 때문에 이게 신화나 전설로 발전할 시간이 아예 없었던 거죠.

아니 여러분들, 신화나 전설로 하려면 시간이 필요하고, 구전이 필요하고, 입과 입으로 전하려면 나름대로 어떤 만들어내는 여러 가지 이야기들이 있어야 하는데, 그럴 시간이 없는 거예요. 주님이 부활하자마자 일시에 오백여 명에게, 그 이상에게 사람들이 나타났다는 건데, 어떻게 이것이 이야기로 끝날 수 있겠어요? 실제다, 실존이다, 확실한 것이다라고 말할 수밖에 없는 거예요.

그리고 예루살렘 교회의 기원에서도, 부활이 일어났다고 선포된 장소가 바로 예수님이 죽고 묻힌 예루살렘이라는 거죠. 만약 시체가 그대로 있었다면, 여러분들 그렇게 가정해본다면, 지도자들은 무덤을 보여주며 기독교를 즉시 무너뜨릴 수 있었겠죠. "이거 바로 아니지 않느냐, 가짜지 않느냐." 그런데 그렇게 할 수가 없었다는 거예요.

왜냐하면 예수님은 부활하셨기 때문이죠. 그러나 그 부활하셨던 그 무덤, 그 무덤에서 예수님이 계셔서 "이 사람들이 가짜다"라고 해야 하는데, 그 누구도 시체를 제시하지 못했죠. 왜냐하면 예수님은 살아나셨기 때문에, 예수님은 하나님이시기 때문에, 예수님은 부활하셨기 때문에, 이 부활의 소망이 여러분들에게 지금 제 메시지를 들을 때 힘이 되고, 위로가 되고, 소망이 되며, 생명이 되시기를 주님의 이름으로 축복합니다.

그리하여 여러분들에게 말씀드리고 싶은 것은, 이 예수님의 부활 이후의 역사적 영향은, 그리고 얼마나 지대한 영향이 있었냐면, 제자들은 대부분 다 순교로 생을 마치게 됐고요. 죽음도 두렵지 않은 거예요. 이제 죽어서라도 나도 예수님 앞에서 영광을 돌릴 수만 있다면, 무엇이든 하겠다는 거예요.

어떤 것이든 하겠다는 거예요. 상황과 조건에 구애받지 않아요. 박해와 고난 ─ 나한테는 아무렇지도 않아요. 왜냐하면 예수님이 부활하신 걸 봤기 때문이에요. 살리실 수 있고, 나도 주님처럼 부활할 수 있다는 걸 그들이 믿는 걸 넘어서서 실존의 모습으로 보았기 때문이에요.

여러분들, 로마 제국 내에서 급속히 확산된 기독교의 그 기원은 그들이, 즉 제자들이 실제로 부활하신 예수 그리스도를 만났다는 확신으로만 설명 가능하지, 그 외에는 설명 불가능합니다.

역사학자 라이트(옥스퍼드 대학)에서도 "초대교회의 존재 자체가 부활의 역사성을 증거한다"고 분명히 말을 했고, "예수 그리스도의 부활 없이는 교회의 탄생을 설명할 수 있는 방법이 없다"고 했어요. 너무너무 이 소식이 반갑고 기쁘지 않습니까?

성경은 이처럼 예언의 성취로도 기록이 분명히 되어 있지 않습니까? 구약의 예언에서 여러분들 찾아보십시오. 시편 16편 10절에 "주께서 주의 거룩한 자로 썩지 않게 하시리이다." 이게 구약의 예언이 신약의 성취로는 사도행전 2장 31절에 "그가 썩음을 보지 아니하셨다"라고 기록되어 있잖아요.

그뿐이 아니에요. 이사야 53장 10절 말씀을 찾아보십시오. "그가 자기 생명을 속건제로 드렸으나 그의 날이 길리라"라고 말씀이 기록되어 있는데, 이것이 요한복음 20장 27절에 부활하신 예수께서 제자들에게 손과 옆구리를 보이셨지 않습니까? 나타내지 않았습니까? 실제로 오시지 않았습니까?

즉 이 부활은 단순한 기적이 아니라, 단순히 나타난 현상이 아니라, 성경 전체의 중심축, 핵심축, 절대적인 기준이 되어 죄와 사망을 이기신 하나님의 약속의 완성 ― 예수 그리스도, 그분이시라는 거예요.

여러분들, 예수님이 우리의 죄, 여러분들과 저로, 우리들의 허물을, 모든 죄를 십자가로 가져가셨어요. 그래서 예수님이 십자가에서 죽으신 거예요. 그리고 그 십자가에 어떤 일이 생겼냐면, 우리의 죄가 첨가되고 예수 그리스도의 의가 우리에게로 전가되어, 예수 그리스도를 믿는 자마다 누구나 다 사망에서 생명으로 이르게 되고, 심판에 이르지 아니한다고 하셨어요.

우리는 그 예수님을 믿는 거예요. 로마 십자가형으로 역사대로 확정된 예수님의 죽음. 그런데 역사도 아주 크게 확성기를 가지고 말을 하잖아요. "예수님은 살아나셨다." "무덤이 비었다." 유대와 로마 모두 부인하지 못한 사실이에요.

무덤이 비어 있기 때문에 기독교를 박해는 할 수 있었지만 막을 수는 없었던 거예요. 죽여도 막을 수가 없었던 거예요. 왜냐하면 부활한 걸 보았기 때문에. 제자들의 변화, 절망에서 순교로 ― 얼마나 멋들어지게 하나님 앞에 최선을 다해서 말씀대로 살았습니까.

목격자 다수의 500명 이상의 동일한 경험과 보고, 이걸 여러분들 어떻게 우연히 일치한다고, 누가 감히 그렇게 말할 수 있겠습니까. 하나님만이 이렇게 할 수 있고, 하나님만이 가능하신 일이라고 저는 확신하고 단언컨대 말씀드리는 겁니다.

그로 인하여 교회가 시작되었고, 제가 이번 주에 여러분들에게 말씀드린 교회들이 일어나라. 우리 교회는 마지막 말세까지 하나님이 지켜주실 예수 그리스도의 몸 된 성전이에요. 그 성전이 여러분들 안에 보이지 않게 있고, 그 몸 된 성전이 보이는 교회로서 그 당시부터 세워져서 예루살렘 중심으로부터 우리나라에까지 이르게 되었다는 거예요.

그리고 부활의 선포가 지금도 우리의 입술에서 선포되고 있다는 거예요. 성경적인 모든 예언이 다 예수 그리스도이시고, 구약·신약 전체를 관통하는 모든 중심이 다 예수 그리스도이시래요. 그렇기 때문에 예수님의 부활은 역사적, 문화적으로 부인할 수 없는 가장 강력한 사건 중 하나라는 것을 여러분들이 인식하고, 받아들이시고, 믿으시고, 확실하고 굳건하게 붙잡으시길 주님의 놀라우신 이름으로 축복합니다.

여러분들, 오늘 제가 예수님에 대한 최고의, 정말 실존 인물인 예수님에 대해서 말씀을 드렸는데요. 이 말씀을 듣고 여러분들 더 많이 사랑하시고, 더 많이 기뻐하시고, 더 많이 감사하시고, 더 많이 기도하시고, 더 많이 거룩하시고, 더 많이 겸손하시고, 어제보다 오늘 더 겸손하시고, 어제보다 오늘 더 기도하려고 하시고, 어제보다 오늘 더 하나님 말씀에 순종하고, 하나님 말씀에 복종하며, 그분의 온유와 겸손 가운데 한 걸음 한 걸음이 아니라 이제 두 걸음, 이제는 세 걸음, 열 걸음, 백 걸음, 천 걸음, 만 걸음이 되어서 정말 여러분들 뒤걸음치지 아니하고, 이 마지막 말씀에 하나님의 뜻대로 살아가는 귀한 우리 예수예수교회 성도님들, '읽는기도 군단' 여러분들 되시길 주님의 이름으로 축복합니다.

기도하겠습니다. 예수님, 예수님, 나의 주님. 예수님, 예수님, 우리 교회에 있는 이 기도를 듣고 있는 모든 자들의 예수님, 예수님은 부활하셨습니다. 예수님은 살아나셨습니다.

우리도 그러므로 그 예수님을 믿고, 그 예수님 말씀대로 살고, 모든 죄를 예수님의 이름으로 회개하여 성령 가운데 그분의 말씀대로 살아간다면, 우리 주님이 공중에 오셨을 때에 다 함께 첫째 부활에 참여하여 하나님의 영광 가운데 함께 즐거워할 수 있는 날을 기다리고 사모하며 하나님 앞에 간절히 소망 가운데 기도합니다.

사랑하는 주님, 살아나게 하여 주시옵소서.

사랑하는 주님, 깨어나게 하여 주시옵소서.

사랑하는 주님, 더욱더 하나님 앞에 천국에 침노하며 나아가게 하여 주시옵소서.

영원히 쇠하지 아니하며 하나님 앞에서 영원한 것, 하늘의 것, 영의 것, 아버지 하나님 앞에 마르지 않는 그 주님의 샘물과 마르지 않는 하나님의 그 생수를 먹고 마시며 살아가는 우리의 삶이 될 수 있게 하여 주시옵소서.

오늘 이 모든 예배를 주님께 맡기옵고, 듣는 자가 귀가 열릴 것이요, 보는 자가 눈이 열릴 것이요, 마음의 문을 열고 이제는 하나님 앞에 더욱더 온전히, 완전히, 순전히 설 수 있는 모든 자들이 될 수 있기를 원하옵고, 우리 주 예수 그리스도의 이름으로 간절히 기도합니다. 아멘.

여러분들, 주님의 이름으로 축복합니다.

전도상급

초판 1쇄 발행   2025년 11월 05일
초판 1쇄 인쇄   2025년 10월 27일

지은이   강신승
펴낸이   황성연
펴낸곳   하늘기획
출판등록 제306-2008-17호
주   소   경기도 파주시 광탄면 혜음로 883번길 39-32
주문처   하늘유통
전   화   031-947-7777
팩   스   0505-365-0691
ISBN   979-11-92082-35-6 03230
Copyright ⓒ 2025, 하늘기획 출판사

잘못 만들어진 책은 구입하신 서점에서 바꿔 드립니다.
정가는 뒤표지에 있습니다.